DIE MANDARINNATTER
EUPREPIOPHIS MANDARINUS
(*ELAPHE MANDARINA*)

Andreas Gumprecht

Die Mandarinnatter

Männchen aus Sichuan

Inhalt

Vorwort	4
Nachzuchten oder Wildfänge: Für und Wider	6
Wenn es doch passiert ist – Versuche zur Rettung von Wildfangtieren	10
Die Mandarinnatter – eine Schlange für jedermann?	12
Über Literatur und Zitierweisen	14
Namen und Verwandtschaft – oder warum Taxonomie und Systematik wichtig sind	16
Verbreitung	18
Lebensweise	20
Beschreibung	22
Haltungsvoraussetzungen und Erwerb	30
Krankheiten	36
Das Terrarium	38
Temperatur, Feuchtigkeit, Technik	42
Terrarienhaltung und Nachzucht	44
Danksagung	60
Weitere Informationen	60
Weiterführende und verwendete Literatur	62

Bildnachweis
Titelbild: Foto: S. Moeller
Kleines Bild: Foto: A. Gumprecht
Seite 1: Foto: S. Moeller

Die in diesem Buch enthaltenen Angaben, Ergebnisse, Dosierungsanleitungen etc. wurden vom Autor nach bestem Wissen erstellt und sorgfältig überprüft. Da inhaltliche Fehler trotzdem nicht völlig auszuschließen sind, erfolgen diese Angaben ohne jegliche Verpflichtung des Verlages oder des Autors. Beide übernehmen daher keine Haftung für etwaige inhaltliche Unrichtigkeiten.
Alle Rechte, insbesondere das Recht der Vervielfältigung und Verbreitung sowie der Übersetzung, vorbehalten. Kein Teil des Werkes darf in irgendeiner Form (Druck, Fotokopie, Mikrofilm oder andere Verfahren) ohne schriftliche Genehmigung des Verlages reproduziert oder unter Verwendung elektronischer Systeme verarbeitet, gespeichert oder vervielfältigt werden.

ISBN 3-937285-37-7

© 2004 Natur und Tier - Verlag GmbH Geschäftsführung: Matthias Schmidt
An der Kleimannbrücke 39/41 Lektorat: Heiko Werning & Kriton Kunz
48157 Münster Layout: Angela Neuhäuser
www.ms-verlag.de Druck: Druckhaus Fromm, Osnabrück

Vorwort

IN der ersten Staffel der Reihe „Art für Art" habe ich Ihnen bereits mit den Schönnattern und den Spitzkopfnattern interessante Vertreter der asiatischen Kletternattern als empfehlenswerte Terrarientiere näher zu bringen versucht. Als ich mich nunmehr daran machte, das Manuskript für dieses Buch über die Mandarinnatter zu schreiben, fiel mir spontan der Slogan einer erfolgreichen Produktwerbung ein: „Es war schon immer etwas teurer, einen guten Geschmack zu haben."

Die Terrarientiere, die hier nachfolgend besprochen werden, nämlich die Mandarinnattern (*Euprepiophis mandarinus*), waren selbst als importierte Wildfänge noch bis vor einigen Jahren vergleichsweise teuer, und für Nachzuchten gilt dies noch immer. Trotz der hohen Anschaffungskosten ist jedoch die Faszination,

Vorwort

die diese Tiere auf einen großen Teil der Schlangenliebhaber ausüben, ungebrochen. So findet diese herrliche asiatische Kletternatter wegen ihrer außergewöhnlichen Schönheit und Ästhetik allgemeine Bewunderung, und sowohl Nachzuchten als auch Wildfänge sind auf dem Markt heiß begehrt. Verschwiegen werden soll hier allerdings nicht, dass die Mandarinnatter wie kaum eine andere Schlange als Synonym für Haltungsprobleme steht und ihr der zweifelhafte Ruf anhaftet, unter Terrarienbedingungen nicht sonderlich ausdauernd zu sein. Es ist also an dieser Stelle durchaus berechtigt, bereits im Vorwort die Frage aufzuwerfen, ob die Mandarinnatter kaum haltbar und damit eher ein Problemtier ist, oder aber doch einen Terrarienpflegling darstellt, der aufgrund seiner Bedeutung für die Terraristik und seiner Begehrtheit die Aufnahme und Bearbeitung in die Reihe „Art für Art" verdient.

Ich selber befasse ich mich seit nunmehr 25 Jahren mit der Haltung von Terrarientieren und möchte Ihnen in diesem Ratgeber meine positiven Erfahrungen bei der Pflege und Vermehrung der Mandarinnatter weitergeben. Lassen Sie sich auf den nächsten Seiten von dieser außergewöhnlichen Schlange in Beschlag nehmen – allein schon durch die Fotos dieser wunderschönen Reptilien. Sollten Sie sich trotz aller Bedenken aber doch dazu entschließen, diese prachtvolle Schlange zu halten, hoffe ich, dass Sie in dem vorliegenden kleinen Buch die nötigen Antworten auf Ihre Fragen finden werden, um künftig ebenfalls Mandarinnattern erfolgreich im Terrarium zu halten und auch zu vermehren.

Weibliches Exemplar aus Ost-China
Foto: S. Moeller

Andreas Gumprecht
Köln, im Herbst 2004

Nachzuchten oder Wildfänge: Für und Wider

SIE werden sich sicher wundern, dass ich so schnell mit der Tür ins Haus falle und direkt nach dem Vorwort bereits das heikle Thema „Erwerb von Nachzuchten oder Wildfängen" anspreche. Dieses Thema hat aber gerade in Bezug auf die schöne Mandarinnatter einen traurigen Sinn, und deswegen sollte die damit verbundene Problematik vorangestellt werden.

Das Fazit gleich vorweg: Wenn Sie sich im Vorfeld Ihrer Überlegungen für den Kauf von Nachzuchten der Mandarinnatter entscheiden, treffen Sie ohne wenn und aber die einzig richtige Wahl. Überdies gelingt die regelmäßige Nachzucht mittlerweile einer stattlichen Anzahl privater Halter, sodass ein Rückgriff auf die natürlichen Bestände nicht mehr nötig ist. Das gilt grundsätzlich natürlich für viele Schlangen, aber lassen Sie mich nachfolgend aufzeigen, warum gerade im Fall der Mandarinnatter der Kauf von Importtieren so wenig Erfolg versprechend ist.

Wildfänge von *E. mandarinus* kamen in der Vergangenheit meistens in einem katastrophalen gesundheitlichen Zustand nach Europa. Daran hat sich aber auch in jüngster Zeit leider nichts geändert. Während man anderen Arten eine schlechte körperliche Verfassung durchaus äußerlich ansehen kann, stellt eine Begutachtung nach Augenschein im Fall der Mandarinnatter selbst für Profis kein besonders taugliches Mittel zur Beurteilung des Gesundheitszustandes dar. Ich musste immer wieder erleben, dass Tiere scheinbar makellos und rein optisch in einem Top-Zustand erworben wurden, dann aber bald darauf, manchmal noch am selben Tag, plötzlich starben. Aufgrund dieser Erfahrungen kommt man nicht umhin, importierten Mandarinnattern zu attestieren, dass ihre allgemeine Konstitution schlichtweg erbärmlich ist. Mit anderen Worten ausgedrückt: Wer Wildfänge von *E. mandarinus* kauft, erwirbt potenzielle Todeskandidaten. Dieses niederschmetternde Zeugnis wird durch eine Mortalitätsrate von über 90 % der importierten *E. mandarinus* schändlich belegt und brachte nicht nur dieser Art, sondern den meisten Schlangen aus Asienimporten einen legendär schlechten Ruf ein, demzufolge sie für eine erfolgreiche Terrarienhaltung nicht geeignet seien. Das negative Image dieser Importsendungen und im Speziellen das der Mandarinnattern führte dazu, dass sich Wildfänge dieser Art über den Handel nicht mehr verkaufen ließen. Viele Händler saßen schon bald auf ihren Importen wie auf Sauerbier und erlitten Verluste, da die Schlangen nun statt beim Terrarianer in den Zoohandlungen verstarben. Dies führte letztlich glücklicherweise zu einem starken Rückgang solcher Importe. Allerdings ist in der letzten Zeit festzustellen, dass Importe von Mandarinnattern aus China wieder deutlich zugenommen haben. Ursächlich dafür sind stabil hohe Preise für Nachzuchten einerseits und andererseits Preiskorrekturen chinesischer Exporteure und des hiesigen Einzelhandels. So kommt es, dass die jetzt relativ günstig angebotenen Importtiere manchen Terrarianer wider besseres Wissen zum Kauf verleiten. Es reicht anscheinend aus, Wildfänge von *E. mandarinus* entsprechend billig anzubieten, um die Hemmschwelle für einen Kauf herabzusetzen. So aber verkommt eine der schönsten Schlangenarten zu einem bloßen – und wenig aussichtsreichen – Spekulationsobjekt.

Wer sich dennoch entgegen aller Vernunft und trotz gut gemeinter Ratschläge damit trägt, importierte Mandarinnattern zu erwerben, möge sich die nachfolgenden Zeilen sehr genau durchlesen. Es muss einfach drastisch und ohne zu beschönigen darauf hingewiesen werden, dass diese Schlangen einen fürchterlichen Leidensweg hinter sich haben, der eine erfolgreiche Tierhaltung von vorneherein nahezu ausschließt. *Euprepiophis mandarinus* wird in China ganzjährig von Schlangenfängern gesammelt. Diese verfügen über hervorragende Kenntnisse der Lebensumstände der Nattern. So sind sie z. B. durch das Ausheben der Überwinterungsquartiere in der Lage, große Stückzahlen der begehrten Mandarinnattern zu erbeuten. All diese Fänge sind zunächst für die zahlreichen Lebensmittelmärkte in den ländlichen Gebieten Chinas bestimmt. Meist dauert es endlose Wochen unter den Bedingungen katastrophaler Massenhaltung, bis ein Teil dieser Tiere von chinesischen Tierhändlern aufgekauft wird und schließlich zu den Exporteuren nach Hongkong gelangt. Was in China Massenhaltung heißt, muss man wohl mit eigenen Augen gesehen haben, um die Bedeutung dieses Wortes wirklich zu begreifen. Wenn auch Tierschützer oder Terrarianer als Augenzeugen dieser Zustände ehrlich betroffen sein mögen, so muss man doch nüchtern feststellen, dass Schlangen und andere Tiere auf chinesischen Märkten lediglich als Nahrungsmittel betrachtet werden. Die armen Kreaturen schlachtet man nur deswegen nicht an Ort und Stelle, weil Kühlschränke in ländlichen Gebieten einen ungeheuren Luxus darstellen und sich durch die Lebendhaltung von Tieren aller Art praktischerweise auch noch Strom sparen lässt. Auf den Lebensmittelmärkten und auch später bei den Exporteuren in Hongkong dienen Reusen oder Netze, teilweise sogar ehemalige Futtermittelsäcke aus Kunststoffgeflecht als Aufbewahrungsort. Dort hinein werden die Schlangen in unglaublichen Stückzahlen regelrecht zusammengequetscht, teilweise mit Hunderten von Artgenossen. In dieser Zeit sind die empfindlichen Tiere den hohen Temperaturen im Tiefland ausgesetzt. Insbesondere dieser Temperaturschock stellt für aus bergigen Gebieten stammende Arten mit eher gemäßigten Temperaturen, wie die Mandarinnatter, eine besonders üble und nachhaltig schädigende Tortur dar. Überdies werden sie wochenlang weder mit Futter noch – und das ist sicher schlimmer – mit Wasser versorgt. So sind fast ausnahmslos alle Tiere innerhalb weniger Tage dehydriert (ausgetrocknet) und weisen infolgedessen irreparable Nierenschädigungen auf. Kleine und schwache Exemplare finden sich totgedrückt als trauriger Bodensatz in den Reusen, während die Widerstandsfähigsten und Stärksten ganz oben liegen. Die dicht gedrängten Tiere infizieren sich überdies durch die räumliche Enge und Nähe zu kranken Artgenossen obendrein mit allerlei zusätzlichen Krankheitserregern. So lassen sich dann auch mit schönster Regelmäßigkeit in Kotproben oder Abstrichen der importierten Tiere Massenbefälle von verschiedenen Magen- und Darmnematoden, Lungenwürmern sowie pathogene Befälle mit Bakterien und Einzellern nachweisen. Da *E. mandarinus* zu den störungsempfindlichen Arten gehört, überleben Tiere nach dem Importstress den neuerlichen Behandlungsstress einer nachfolgenden tiermedizinischen Behandlung in den meisten Fällen nur kurze Zeit.

Nachzuchten oder Wildfänge: Für und Wider

Habitat der Mandarinnatter im Wuliang Shan, Jing Dong, Yünnan, China
Foto: A. Gumprecht

Wenn es doch passiert ist – Versuche zur Rettung von Wildfangtieren

ALLEN gut gemeinten Warnungen und Ratschlägen zum Trotz: Sie haben der Verlockung nicht widerstehen können, sich frisch importierte Wildfänge gekauft, und jetzt ist guter Rat teuer. Was ist zu tun? Zu dieser Thematik hat mir vor kurzem ein Züchter der Mandarinnatter erzählt, dass er häufig Anrufe von Reptilienliebhabern erhalte. Diese suchten nach dem Kauf von Mandarinnatter-Wildfängen bei ihm Rat und fragten, ob er ihnen helfen könne. „Nein", so laute stets gleich seine Antwort, „weder Ihnen, noch Ihren Neuerwerbungen ist zu helfen – aber wahrscheinlich muss jeder seine Erfahrungen selber machen!" Eine derartige Abfuhr möchte ich Ihnen hier nicht erteilen, denn das Wohl Ihrer Tiere sollte an erster Stelle stehen. Allerdings kann ich Ihnen nicht viel Hoffnung mit auf den Weg geben.

Ich gehe nachfolgend von dem optimistischen Fall aus, dass Sie Ihre Tiere nach dem Kriterium der optisch einwandfreien Konstitution ausgewählt haben. Sehr wahrscheinlich leiden ihre Tiere jedoch unter Atemwegsinfekten, Endoparasiten und starker Dehydrierung. Als Erste-Hilfe-Maßnahme sollte der gestörte Flüssigkeitshaushalt der frisch importierten Schlangen sofort stabilisiert werden; jeder überflüssige Stress ist zu vermeiden. Dazu werden die Schlangen einzeln in Plastik- oder Glasbecken gesetzt, die ca. 5 cm hoch mit lauwarmem Wasser befüllt sind. Die Schlangen sollten nach einigen Minuten anfangen, selbstständig zu trinken. Nach spätestens 15 Minuten sind die Schlangen in vorbereitete „sterile" Quarantänebehältnisse zu setzen und separat zu halten. Selbstverständlich ist es auch möglich, den Tieren etwas Wasser oder Kochsalz-Lösung über eine Magensonde zu verabreichen. Ich rate aber davon ab, den Tieren in der Eingewöhnungszeit zu viele Zwangseingriffe zuzumuten.

Wenn ihre Tiere normal atmen und keine Anzeichen für eine akute

Atemwegsinfektion zeigen, gilt es, mit Priorität gegen das Problem von Parasiten vorzugehen. Zunächst bremsen Sie jedoch ihren Eifer. Nach der Gewöhnung an das neue Behältnis, d. h. ca. 3–4 Wochen nach Erwerb der Tiere, können Sie einen ersten Fütterungsversuch mit möglichst kleinen Futtertieren starten. Bemühen Sie sich nach der Futteraufnahme, abgesetzten Kot so frisch wie möglich zu entnehmen und zusammen mit ein paar Tropfen Wasser in ein abschließbares Gefäß, z. B. eine Filmdose, zu geben. Die Kotprobe ist unverzüglich bei einem Veterinär oder Diagnostiklabor (s. unten) auf Parasiten untersuchen zu lassen. Es gilt anschließend, mit dem Veterinär einen Behandlungsplan auszuarbeiten. Bei der Erstellung eines Behandlungsplanes sind jedoch ein paar sensible Punkte zu beachten. Als Erstes sollte gegen den Parasiten vorgegangen werden, der die Schlangen am meisten beeinträchtigt. Stehen für die Bekämpfung von pathogenen Mikroorganismen oder Parasiten mehrere Medikamente zur Wahl, sollten nach Möglichkeit die Mittel Anwendung finden, die nicht über längere Zeiträume verabreicht werden müssen. Medikation ist Stress, und den gilt es weitgehend zu vermeiden. Darüber hinaus sollten niemals mehrere Erreger gleichzeitig bekämpft werden, da es sonst zu fatalen Wechselwirkungen und Unverträglichkeiten hinsichtlich der einzelnen Medikamente kommen kann. Bitte gönnen Sie zwischen den einzelnen Medikationen den Tieren Ruhephasen von bis zu drei Wochen.

Abschließend sollte nicht vergessen werden, auch einen Abstrich des Rachenraumes vorzunehmen. Wenn Ihre Schlangen die Medikation überlebt haben sollten, ist dies zwar positiv zu werten, aber immer noch keine Gewähr dafür, dass sie nicht doch noch plötzlich versterben.

In jedem Fall wünsche ich viel Glück und die nötige Geduld – ich beneide Sie jedenfalls nicht.

DER PRAXISTIPP

Die Quarantänebecken sollten so weit wie möglich von Ihrer Terrarienanlage aufgestellt werden, am besten in einem anderen Raum. Um jegliche Kontaminierung ihres etablierten Tierbestandes auszuschließen, sollten Sie für Ihre Neuerwerbungen eigene Gerätschaften benutzen und sich für Arbeiten in den einzelnen Becken jeweils neue Einweg-Latex-Handschuhe anziehen. Als Standort für die Quarantänepfleglinge ist ein Platz mit maximaler Ruhe zu wählen. Beschränken Sie sich mit Manipulationen und Routinearbeiten in und um die Behältnisse der Wildfänge. Sie müssen nicht in stündlichem Rhythmus kontrollieren, ob die Tiere gefressen oder gekotet haben, bzw. ob sie überhaupt noch leben.

Die Mandarinnatter – eine Schlange für jedermann?

DURCH die Autoren FESSER & SOMMERAUER wurde in der Zeitschrift REPTILIA im Jahr 2000 unter dem Titel *„Elaphe mandarina – ein Problemtier der Terraristik?"* ein Aufsatz zur Haltungsproblematik der Mandarinnatter vorgelegt. Sicherlich ist dem Resümee der Verfasser zuzustimmen. Ein „grundsätzliches" Problemtier der Terraristik ist diese schöne asiatische Kletternatter zunächst einmal nämlich nicht, wohl aber – und das sei hier ausdrücklich herausgestellt – sind ihre Aufzucht und Haltung nicht immer unproblematisch. Uneingeschränkte Zustimmung verdient die Feststellung vorgenannter Autoren über die Hinfälligkeit von Importtieren dieser Art. Generell ist diese herrliche Natter aber, wenn auch begehrenswert, so doch keine Schlange für den Anfänger und sollte nur erfahrenen Tierhaltern vorbehalten bleiben. Das gilt auch für Nachzuchten. Die Mandarinnatter ist sehr stressempfindlich. Das deutliche „Mehr" an Ruhe, das sie im Gegensatz zu vielen anderen Terrarientieren zu ihrem Wohlbefinden benötigt, macht sie als ein typisches „Terrarientier für jedermann" eben nicht ideal. Ihre Haltung ist und bleibt dem Fachmann vorbehalten. Ohne die notwendige Erfahrung und ein gewisses Maß an Fingerspitzengefühl werden die Mandarinnattern die Aufzuchtphase nicht überleben. Der Ruf, Mandarinnattern seien schlecht haltbar, wird sich infolgedessen ungerechtfertigterweise weiter manifestieren! All denen, die lernfähig und bereit sind, sich voll und ganz auf die Bedürfnisse dieser schönen Schlangen einzustellen, wird diese Art dagegen ein interessanter, langlebiger und dankbarer Terrarienpflegling sein.

Die Mandarinnatter – eine Schlange für jedermann?

Weibchen einer Mandarinnatter aus Vietnam mit starkem Rotanteil in den Rückenschuppen
Foto: S. Moeller

Über Literatur und Zitierweisen

VOR der Kür kommt die Pflicht, darum zunächst ein paar Zeilen zu einem etwas weniger spannenden Thema. Dass ein Autor durch die Masse zitierter Fremdliteratur zum Ausdruck bringe, er habe keine Ahnung, mutmaßte kürzlich eine deutlich ahnungslose „Rezensentin" in einer Buchbesprechung der eher skurrilen Art. Das Gegenteil ist der Fall, denn ausführliche Literaturverzeichnisse sind (meist) ein Indiz dafür, dass sich Autoren mit der behandelten Thematik umfassend auseinandergesetzt haben. Autoren geben fremde Quellen durch Zitate an, um die eigene Meinung zu stützen, andere Ansichten aufzuzeigen oder einfach nur um kenntlich zu machen, dass das Geschriebene nicht ausschließlich auf ihren eigenen Daten basiert.

Ich habe auch in diesem Band der Reihe „Art für Art" weitestgehend auf Zitate im Text verzichtet, da übermäßiges Zitieren ebenso wie Literaturanhänge von vielen Terrarianern eher mit Missfallen betrachtet werden. Leider ist es so, dass mit Zitaten gespickte Fachaufsätze von manchen Lesern gerne ignoriert werden, da sie als „trocken" gelten. Hier aber möchte ich Sie bewusst zum Lesen animieren und Ihnen die Möglichkeit geben, sich in die Materie einzuarbeiten. Bitte lesen Sie künftig so viel wie möglich über das Thema, vorzugsweise natürlich Gedrucktes; seien Sie kritisch, wenn Sie sich über das Internet weiterbilden, dies gilt besonders für die zahlreichen privaten Homepages und Diskussionsforen. Nicht immer sind nämlich Softwarekenntnisse und ein vordergründig professionell gestalteter Internetauftritt auch tatsächlich ein Indiz für die Qualität der jeweiligen Seiten und der Personen, die sich hinter ihnen verbergen.

Die Literaturnachweise zu den verwendeten und empfohlenen Aufsätzen und Büchern zum Thema Mandarinnatter befinden sich am Ende des Buches im Kapitel „Weiterführende und verwendete Literatur".

> **PRAXISTIPP**
> Machen Sie sich doch einmal die praktische Arbeitsweise von Fachbuchautoren zunutze und verwenden Sie die angegebenen Literaturquellen, um sich weiterzubilden. Dazu müssen Sie einfach nur die entsprechenden Zitate aus dem Literaturverzeichnis herausschreiben und dann in die nächste öffentliche Leihbücherei oder Stadtbibliothek gehen. Dort können Sie dann ganz bequem und relativ günstig die jeweiligen Artikel als Fotokopie bestellen.

Über Literatur und Zitierweisen

Juvenile *Euprepiophis mandarinus* aus Sichuan wenige Tage nach dem Schlupf
Foto: A. Gumprecht

Namen und Verwandtschaft – oder warum Taxonomie und Systematik wichtig sind

EIN weiteres wichtiges, aber ebenfalls eher unbeliebtes Thema soll hier kurz angerissen werden, nämlich die Taxonomie und die Verwendung wissenschaftlicher Artnamen. Es fällt mitunter selbst gestandenen Terrarianern schwer, sich an die Benutzung der wissenschaftlichen Namen zu gewöhnen. Stattdessen verwenden sie die jeweiligen gebräuchlichen Trivialnamen (= umgangssprachlicher Name in Landessprache ohne wissenschaftliche Bedeutung) und ignorieren stoisch weitestgehend alles, was mit wissenschaftlicher Systematik oder taxonomischen Fragen zu tun hat. Im Extremfall geht das so weit, dass Bezeichnungen für Arten oder Gattungen, die man bestenfalls als Kose- oder Schmusenamen bezeichnen kann, in Diskussionen verwendet werden. Da werden dann schon mal aus den beliebten amerikanischen Kornnattern (*Pantherophis guttatus*) „Kornis" oder aus Königspythons (*Python regius*) „Köpis". Aber nur die Benutzung der international gültigen wissenschaftlichen Artnamen gewährleistet den Ausschluss von Missverständnissen, da Trivialnamen und Verniedlichungen zu einer eindeutigen Verständigung nicht taugen.

Der überwiegende Teil der Terrarianer wird die in diesem Buch besprochenen Mandarinnattern als *Elaphe mandarina* kennen. Der Name *Euprepiophis mandarinus* hingegen ist derzeit wahrscheinlich noch immer nur den wenigsten geläufig. Die systematische Ordnung innerhalb der alten Gattung *Elaphe* galt bereits seit längerem als ein wenig antiquiert und war deshalb revisionsbedürftig (= überarbeitungsbedürftig). Dies wurde u. a. von SCHULZ (1996) in seinem Standardwerk zur Gattung *Elaphe* angedeutet.

Die Revision der altweltlichen *Elaphe*-Arten vollzog sich in bislang zwei umfangreichen Teilbearbeitungen. Die erste wurde 2001 durch HELFENBERGER und die zweite ein Jahr später durch UTIGER et al. (2002) veröffentlicht. Die Ergebnisse dieser beiden Untersuchungen wurden durch WERNING (2003) sehr anschaulich und in prägnanter Form in

> **WUSSTEN SIE SCHON?**
> Neben der Mandarinnatter (*E. mandarinus*) wird zur Gattung *Euprepiophis* noch die Art *E. conspicillatus* (Japanische Kletternatter) gezählt. Die nächsten weiteren Verwandten sind *Elaphe bella* (Schöne Kletternatter) und *Elaphe perlacea* (Perlennatter).

der Zeitschrift REPTILIA einer breiten Leserschaft vorgestellt. Die neuen Forschungsergebnisse von HELFENBERGER und UTIGER et al. führten zu einer dramatischen Neuordnung der Gattung *Elaphe* und letztlich nach den Regeln der Nomenklatur auch zu einigen neuen Gattungsnamen (hier von *Elaphe* zu *Euprepiophis*), denen dann der eigentliche Artname grammatikalisch angepasst werden musste (hier von *mandarina*, da *Elaphe* grammatikalisch weiblich ist, zu *mandarinus*, weil das grammatikalische Geschlecht von *Euprepiophis* männlich ist).

Euprepiophis mandarinus wurde ursprünglich durch CANTOR im Jahr 1842 als *Coluber mandarinus* beschrieben und noch bis vor kurzem in der Gattung *Elaphe* gelistet.

Mandarinnatter aus Ost-China mit verringertem Gelbanteil in der Körperfärbung und stark abweichender Körperzeichnung Foto: K.-D. Schulz

Verbreitung

WUSSTEN SIE SCHON?
Nach Meinung zahlreicher Fachleute sollte die Systematik der Mandarinnattern einer Revision unterzogen werden. In dem Verbreitungsgebiet der Art lassen sich etliche Formen voneinander unterscheiden, die in Zukunft möglicherweise als eigene Unterarten oder Arten beschrieben werden.

Die Mandarinnatter gehört innerhalb der Schlangen in die große Familie der Nattern (Colubridae). Innerhalb dieser Familie wird sie wiederum zur großen Verwandtschaft der Kletternattern (ehemalige Gattung *Elaphe*) gestellt. UTIGER et al. richteten die neue Gattung *Euprepiophis* erst im Jahr 2002 ein. Diese Gattung besteht nach derzeitiger Auffassung aus zwei Arten, nämlich *E. conspicillatus* und *E. mandarinus*. Die Einstellung dieser beiden Arten in die neue Gattung wurde durch die Ergebnisse moderner DNA-Analysemethoden und vergleichender Untersuchungen der Beschuppungsverhältnisse (Pholidose), der Hemipenisstrukturen (männliche Schlangen besitzen als Begattungsorgan zwei Hemipenes) und diverser osteologischer (Knochen-) Merkmale gerechtfertigt. Möglicherweise ist in einer künftigen Arbeit mit der Überführung zweier weiterer *Elaphe*-Arten, nämlich *Elaphe bella* und *Elaphe perlacea*, in die neue Gattung *Euprepiophis* zu rechnen.

Verbreitung

DIE genaue Verbreitung von *E. mandarinus* ist bis heute immer noch nicht vollständig geklärt. So ist z. B. das Verbreitungsgebiet in Myanmar und Indien nur bruchstückhaft bekannt, denn bislang liegen lediglich vereinzelte Fundortangaben aus diesen Ländern vor. Das bislang bekannte Verbreitungsgebiet erstreckt sich über eine Fläche, die ungefähr der von Europa entspricht. Die Nord-Süd-Ausdehnung beträgt in etwa 2.500 km, die West-Ost-Ausdehnung fast 3.000 km.

Im Einzelnen wurde *E. mandarinus* bislang in China (Zentral- und Süd-China: Provinzen Anhui, Beijing, Chongqing, Fujian, Gansu, Guangdong, Guangxi, Guizhou, Hubei, Hunan, Jiangsu, Jiangxi, Liaoning, Shaanxi, Shanghai, Sichuan, Tianjin, Yünnan, Zhejiang), in Tibet, Indien (Arunashal Pradesh), Myanmar (Staat Kachin sowie in der Nähe von Mawleik), Taiwan (Distrikte Hualien, Ilan, Nantou und Taichung) und in Vietnam (Hong Tal, Provinz Bac-Phan) nachgewiesen.

Ich selbst besuchte die chinesische

Verbreitung

Provinz Yünnan zweimal im Rahmen herpetologischer (Herpetologie = Wissenschaft von den Amphibien und Reptilien) Forschungsreisen. Allerdings gelangen mir im Feld keine neuen Nachweise von *E. mandarinus*. Ich sah aber ein juveniles Exemplar, das am Rande eines Marktes in Kunming zum Verkauf angeboten wurde. Befragungen ergaben, dass das Tier in der direkten Umgebung im Bergland von Kunming gefangen worden sein soll.

Innerhalb ihres bekannten Verbreitungsgebietes bewohnt die Mandarinnatter überwiegend montane Habitate. Der chinesische Herpetologe ZHAO schreibt 1998, diese Art bevorzuge Lebensräume in Hügelland und Mittelgebirgen mit Höhenlagen von 300–1.500 m ü. NN. Nach SCHULZ (1996) ist die Mandarinnatter besonders häufig zwischen 2.000 und 2.500 m ü. NN anzutreffen. HU et al. (1987) berichten sogar von Funden in Tibet oberhalb von 3.000 m ü. NN.

Allen Habitaten von *E. mandarinus* ist gemein, dass sie sich durch mäßig warmes bis kühles Klima und eine hohe Bodenfeuchtigkeit auszeichnen. In den Wintermonaten werden übrigens zumindest für kurze Zeit durchweg Minusgrade erreicht; die alpinen Habitate von *E. mandarinus* sind darüber hinaus teilweise von Schneefällen gekennzeichnet.

Weibliches Exemplar aus Ost-China Foto: S. Moeller

Lebensweise

IM „China Red Data Book of Endangered Animals" berichtet ZHAO (1998) darüber, dass die Mandarinnatter sowohl in Wäldern entlang den Ufern von Bachläufen als auch im Grasland anzutreffen sei. Diesem Autor zufolge findet man E. mandarinus auch in der Umgebung von Ortschaften und in angrenzendem Kulturland. Selbst in Randbereichen von Reisanbauflächen oder chinesischen Weinanbaugebieten konnte die Mandarinnatter schon nachgewiesen werden. Nach SCHULZ (1996) sind die bevorzugten Lebensräume lichte Bergwälder, die sich durch felsiges Terrain mit dichtem Strauchwerk auszeichnen. MELL (1922, 1929) beschreibt die Habitate von E. mandarinus als von vereinzelten Felsbrocken durchsetztes Gelände, das durch eine Vegetation aus Gras, Stauden, Büschen und Bäumen aufgelockert wird. Obwohl E. mandarinus innerhalb seines Verbreitungsge-

Mandarinnatter aus der chinesischen Provinz Sichuan Foto: K.-D. Schulz

Lebensweise

bietes zu den häufigsten Schlangen zählt, ist er aufgrund seiner versteckten und scheuen Lebensweise nur selten im offenen Gelände anzutreffen. Zumeist hält er sich unter Steinen oder in Erdlöchern versteckt.

Das natürliche Beutespektrum besteht aus Kleinsäugern, hauptsächlich aber nestjungen Mäusen. Gelegentlich sollen auch Echsen gefressen werden. In der Natur legt *E. mandarinus* in der Zeit von Juni bis August bis zu 16, gewöhnlich aber nur um fünf Eier ab.

> **WUSSTEN SIE SCHON?**
> Die Mandarinnatter führt sowohl in der Natur als auch im Terrarium eine sehr versteckte Lebensweise. Wer meint, die prächtigen Schlangen in einem Schauterrarium präsentieren zu können, hat mit diesen schönen, aber überwiegend verborgen lebenden Schlangen leider die falsche Artauswahl getroffen. Die meiste Zeit nämlich gräbt und wühlt *E. mandarinus* im Bodengrund oder sucht die nächste Deckung auf und entzieht sich so den Blicken des Beobachters. Wirklich offen ist die Mandarinnatter nur selten im Terrarium zu sehen.

Euprepiophis mandarinus **aus Sichuan mit starkem Gelbanteil in den Zeichnungselementen**
Foto: K.-D. Schulz

Beschreibung

DER Körperbau von *E. mandarinus* ist als stämmig und kräftig zu beschreiben. Der Kopf setzt sich nur mäßig vom Hals ab. Die Augen erscheinen klein, ihre Farbe ist ebenso wie die der Zunge schwarz. *Euprepiophis mandarinus* hat einen relativ kurzen und gedrungen wirkenden Schwanz. Im Rumpfquerschnitt wirkt der Körper rund, da die Bauchseiten keine Kielung aufweisen. Da überdies die Rückenschuppen nicht gekielt sind, wirkt die Mandarinnatter auch glatt. Adulte (geschlechtsreife) Exemplare der Mandarinnatter erreichen Längen von bis zu 100 cm, bleiben zumeist aber deutlich kleiner. Es gibt jedoch Populationen in Nordvietnam, Indien und Myanmar, aus denen Tiere mit einer Gesamtlänge von bis zu 170 cm be-

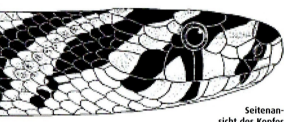

Seitenansicht des Kopfes von *Euprepiophis mandarinus*
Zeichnung: K.-D. Schulz

Beschreibung

kannt sind. Überdies scheinen in einigen Populationen Exemplare mit einer Gesamtlänge von über 100 cm nicht die Ausnahme, sondern eher die Regel zu sein. Innerhalb des Verbreitungsgebietes in China erreicht wohl die so genannte „Sichuan-Morphe" mit Größen von mehr als 150 cm die stattlichsten Körperlängen; ich vermaß ein adultes Import-Weibchen von 185 cm Gesamtlänge und 750 g Körpergewicht.

Färbung und Farbintensität der Mandarinnatter können je nach geographischer Herkunft variieren. Zumeist ist die Grundfarbe

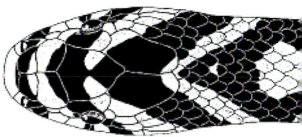

Dorsalansicht
des Kopfes von *Euprepiophis mandarinus*
Zeichnung: K.-D. Schulz

bräunlich grau bis grau; es gibt aber auch prächtig hellgrau oder weißgrau gefärbte Exemplare. Darüber hinaus existieren viele *E. mandarinus*, bei denen die einzelnen Rückenschuppen in ihrem Zentrum einen bräunlichen oder

Typische Rückenfärbung und -zeichnung von insgesamt sechs Exemplaren aus Sichuan
Foto: S. Moeller

Beschreibung

Männchen aus Sichuan mit teilweise aufgelöster Zeichnung
Foto: S. Moeller

Hypomelanistisches Exemplar (Exemplar mit reduziertem Schwarzanteil) aus Sichuan
Foto: K.-D. Schulz

Beschreibung

Eine Mandarinnatter aus Sichuan mit starkem Gelb- und Rotanteil in Körperfärbung und -zeichnung
Foto: S. Moeller

Nahaufnahme eines Weibchens aus Vietnam mit starkem Rotanteil in den Rückenschuppen
Foto: S. Moeller

Beschreibung

rötlichen Punkt aufweisen. Typisch ist die Zeichnung aus großen gelben, seltener weißlich grauen Flecken, die rund, oval oder rautenförmig sowie breit schwarz und schmal gelb umrandet sind. Insgesamt gesehen sind die Gelb- und Schwarzanteile der Zeichnung variabel. Einige Tiere erscheinen aufgrund des vorherrschenden Gelbanteils sehr hell und leuchtend, andere wiederum können sehr dunkel wirken, da das Schwarz dominiert.

Extrem dunkel gefärbtes und gezeichnetes Exemplar der Mandarinnatter aus Sichuan
Foto: A. Gumprecht

Tabelle:
Die wichtigsten pholidotischen Merkmale (= Beschuppungsmerkmale) von *Euprepiophis mandarinus*:

Art	Bauchschuppen (Ventralia)	Schuppen auf der Schwanzunterseite (Subcaudalia)	Rückenschuppen (Dorsalia)	Oberlippenschilde (Supralabialia)	Oberlippenschilde mit Augenkontakt
E. mandarinus	206–241	62–82	21–23	7–8	2

Beschreibung

Ventrale (Bauch-) und dorsolaterale (Rücken und Flanken betreffende) Zeichnungsvariationen von *Euprepiophis mandarinus* Zeichnungen: K.-D. Schulz

WUSSTEN SIE SCHON?

In Europa werden im Wesentlichen drei verschiedene Formen der Mandarinnatter gehalten und nachgezüchtet. Dabei handelt es sich um zwei chinesische und eine vietnamesische Form. Die chinesischen sind zum einen die typischen, eher kleinen ostchinesischen Mandarinnattern. Sie waren auch die ersten Exemplare von *E. mandarinus*, die zu uns gelangten, und werden nunmehr seit Jahren über den Handel regelmäßig importiert. Leider lassen sich zu diesen Tieren aus dem Handel keine genauen Fundorte in Erfahrung bringen. Dies gilt ebenfalls für die eher selten angebotenen großwüchsigen Mandarinnattern aus dem Norden Vietnams. Seit 1997 wurden wiederholt große westchinesische Mandarinnattern aus der Provinz Sichuan importiert.

Beschreibung

Beschreibung

Männchen der Mandarinnatter aus Vietnam mit abweichender Zeichnung Foto: S. Moeller

Haltungsvoraussetzungen und Erwerb

DIE meisten Terrarianer, die überlegen, sich Mandarinnattern anzuschaffen, werden sich bereits im Vorfeld intensiv Gedanken über die geplanten Neuzugänge gemacht haben. Insbesondere das Preisniveau von Nachzuchten verhindert weitestgehend Zufalls- oder Gelegenheitskäufe. Allerdings ist verstärkt festzustellen, dass Händler Importtiere aufgrund ihres schlechten Rufes zu Niedrigpreisen anbieten – eine Verlockung, der mancher Terrarianer, vielleicht aber auch mancher Einsteiger in das Hobby anscheinend nur schwer widerstehen kann und sein Glück spontan entschlossen in einem schnellen Kauf sucht.

In jedem Fall aber sollten Sie nun unbedingt noch einen abschließenden Blick auf ein paar grundsätzliche Überlegungen riskieren. Jede Tierhaltung bringt für das weitere Leben des Halters immer auch Einschränkungen mit sich. Im Falle unseres Hobbys sind es die zwar schönen, aber oftmals

Typisches Exemplar einer vietnamesischen Mandarinnatter. Für *Euprepiophis mandarinus* gibt es im deutschsprachigen Raum keinerlei artenschutzrechtliche Bestimmungen.
Foto: K.-D. Schulz

schnell ausufernden Terrarienanlagen samt ihrem Tierbesatz, die sowohl den Geldbeutel ihrer Besitzer als auch deren Bewegungsfreiheit deutlich einschränken. Sie müssen also bereit sein, sich neben der bloßen räumlichen Reduzierung ihres Wohnbereiches durch Terrarienecken, Terrarienräume oder -keller auch noch zeitlich einzuschränken: durch die Erfordernisse für Pflege und Wartung der Anlage, insbesondere aber durch den zeitlichen Aufwand für die Pflege des Tierbesatzes. Darüber hinaus sind nicht nur die Anschaffungskosten für die Tiere, eine Terrarienanlage und für reichlich Zubehör einzukalkulieren, sondern man muss sich auch die mitunter beträchtlichen Dauerfolgekosten für Futter, Strom, Tierärzte, Medikamente u. Ä. vor Augen halten. Selbst bei einer erfolgreichen und von Nachzuchten gekrönten Tierhaltung ist daran zu denken, dass der zeitliche und finanzielle Aufwand in einem laufenden Pflegejahr hoch und in der Regel größer als die Erlöse sind, die sich mit den Nachzuchten erzielen lassen. Auch in der Terraristik gilt, Nachzuchten hin oder her: Hobbys kosten! Besonderen Stellenwert sollte auch die Frage nach einem Ersatzpfleger im Urlaubs- oder Krankheitsfall einnehmen. Ein realistischer, kritischer Blick auf das individuelle weitere Umfeld, einschließlich Familie, Vermieter und Nachbarn, sollte im Entscheidungsfindungsprozess ebenfalls nicht ausgespart bleiben, will man unliebsamem und vermeidbarem Ärger für die Zukunft aus dem Weg gehen.

Abschließend zeigt ein Blick auf die gesetzlichen Vorschriften, dass Mandarinnattern in Europa keinen gesetzlichen Einschränkungen hinsichtlich besonderer

> **WUSSTEN SIE SCHON?**
> In § 2 des Tierschutzgesetzes (25.5.1998, BGBl. I S.1105) heißt es wörtlich:
> „Wer ein Tier hält, betreut oder zu betreuen hat,
> 1. muss das Tier seiner Art und seinen Bedürfnissen entsprechend angemessen ernähren, pflegen und verhaltensgerecht unterbringen,
> 2. darf die Möglichkeit des Tieres zu artgemäßer Bewegung nicht so einschränken, dass ihm Schmerzen oder vermeidbare Leiden oder Schäden zugefügt werden,
> 3. muss über die für eine angemessene Ernährung, Pflege und verhaltensgerechte Unterbringung des Tieres erforderlichen Kenntnisse und Fähigkeiten verfügen."

Haltungsvoraussetzungen und Erwerb

Artenschutzbestimmungen unterliegen. Dennoch müssen alle Tierhalter natürlich die Bestimmungen des Tierschutzgesetzes sowie bestehende Haltungsrichtlinien einhalten.

Wie groß ein Terrarium sein sollte und wie es im Hinblick auf eine zu haltende Art beschaffen und eingerichtet sein muss, sind Fragen, die einen Terrarianer immer wieder aufs Neue beschäftigen. Der Gesetzgeber hat diese Fragen im hier angeführten Auszug aus dem Tierschutzgesetz nicht explizit beantwortet, sondern allgemein sowohl von „verhaltensgerechter Unterbringung" als auch davon gesprochen, dass „die Möglichkeit des Tieres zu artgerechter Bewegung" nicht so eingeschränkt werden darf, „dass ihm Schmerzen oder vermeidbare Leiden oder Schäden zugefügt werden."

1997 wurde im Auftrag des Bundesministeriums für Ernährung, Landwirtschaft und Forsten, Referat Tierschutz, ein Gutachten über die Mindestanforderungen an die Haltung von Reptilien herausgegeben, um den § 2 des Tierschutzgesetzes für die Reptilienhaltung zu präzisieren. Dort heißt es zunächst, dass ein Anfänger vor dem Kauf seiner Tiere sachkundig sein sollte.

In fast allen größeren Städten des Bundesgebietes gibt es Stadtgruppen der Deutschen Gesellschaft für Herpetologie und Terrarienkunde e.V. (DGHT – s. Kapitel „Weitere Informationen"). Regelmäßig werden von durch diesen Verein bestellten Prüfern so genannte Sachkundeprüfungen abgenommen. In den Schulungen dazu werden u. a. auch die relevanten Fragen zum Tierschutzgesetz und zu den Haltungsrichtlinien angesprochen und in verständlicher Weise erläutert. Die Sachkundeprüfung ist übrigens freiwillig, aber mit Sicherheit ein guter und empfehlenswerter Einstieg in das Hobby.

Weiterhin heißt es im „Gutachten über die Mindestanforderungen" u. a. im allgemeinen Teil, dass alle Umweltfaktoren, wie z.

Mindestanforderungen an die Haltung

Ein Terrarium für zwei Exemplare der Gattung *Euprepiophis* (siehe im Gutachten unter *Elaphe*) sollte gemäß den „Mindestanforderungen" eine Größe des 1,0- x 0,5- x 1,0-fachen (L x T x H) der Körperlänge der Schlangen haben. Für jedes weitere Tier sei das Volumen des Terrariums um 20 % zu erhöhen. Weiterführende Angaben zur Haltung der Mandarinnatter lassen sich aus den „Mindestanforderungen" nicht entnehmen.

Haltungsvoraussetzungen und Erwerb

B. Temperatur, Licht und Feuchtigkeit den natürlichen Verhältnissen des Herkunftsbiotops weitestgehend entsprechen sollten. Überdies hat der Besitzer für eine der jeweiligen Art adäquate Ernährung und für die Möglichkeit einer artgemäßen Wasseraufnahme zu sorgen.

Der Kauf von Mandarinnattern kann sowohl bei privaten Züchtern als auch im Fachhandel erfolgen. Grundsätzlich gilt natürlich, dass Tierkauf Vertrauenssache ist. Enttäuscht werden kann man bei Käufen aus beiden Quellen gleichermaßen.

> **DER PRAXISTIPP**
> Wer eine Mandarinnatter erwirbt, sollte immer dreierlei zum Kauftermin mitbringen:
> • einen Leinensack für die sichere Verpackung des Tieres
> • ein thermostabiles Behältnis (z. B. Styroporbox) für den Transport
> • je nach Jahreszeit gegebenenfalls einen Kühlakku zum Kühlen oder ein „Heatpack" zum Warmhalten während des Transportes (Transporttemperaturen um 22 °C).

Garantie- oder Ersatzansprüche sind schwerlich durchsetzbar, und wo kein freiwilliger Ersatz geleistet wird, sind Ärger, Verdruss und böse Worte vorprogrammiert.

Kaufen Sie keine Wildfänge! Hier eine halb erwachsene Mandarinnatter aus West-China.
Foto: K.-D. Schulz

Als Faustregel lässt sich feststellen, dass Nachzuchten in jedem Fall frisch importierten Wildfängen vorgezogen werden sollten.

Immer mehr Händler gehen dazu über, nicht nur Wildfänge von Mandarinnattern, sondern auch Nachzuchten anzubieten. Vorsicht ist allerdings immer geboten, wenn Tiere als chinesische Farmnachzuchten deklariert werden (mehr dazu jedoch später). Nachzuchten, die aus einer guten Zucht stammen, sind in der Regel weitestgehend parasitenfrei und in einer gesundheitlich besseren Konstitution als Wildfänge. Auch sind sie von Anfang an die Lebenssituation im Terrarium gewöhnt. Lässt sich ein Kauf von Wildfängen nicht umgehen, muss klar sein, dass ein solcher Erwerb immer riskant ist. Die Erfahrung lehrt, dass Wildfänge, auch wenn sie frei von äußerlichen Parasiten sind, trotz augenscheinlich einwandfreier Konstitution und des Vorhandenseins natürlicher Bewegungs- und Abwehrreaktionen nach kurzer Zeit beim Käufer sterben können. Den meisten Wildfängen setzen Stress und Endoparasiten (Endoparasiten leben im Gegensatz zum Ektoparasit innerhalb ihres Wirtes, also in Organen, im Blut oder unter der Haut) derart zu, dass selbst schnelle professionelle Hilfe durch einen Veterinär oftmals zu spät kommt.

Und ein weiterer Grund, der für Nachzuchten spricht, ist die Schonung der natürlichen Bestände.

Haltungsvoraussetzungen und Erwerb

Kopfporträt einer ausgesprochenen Schönheit: die Mandarinnatter (*Euprepiophis mandarinus*)
Foto: K.-D. Schulz

Jede Neuerwerbung sollte zwingend einer mehrmonatigen Quarantäne unterzogen werden. Als Quarantäneterrarium eignet sich ein sehr einfach und hygienisch eingerichteter Behälter, der jedoch hinsichtlich Temperatur, Beleuchtung, Versteckmöglichkeit und Wasserangebot allen Grundbedürfnissen der Schlangen gerecht werden muss. Die Verfahrensweisen bezüglich der Einreichung von Kotproben und einer eventuellen Medikation sind vorab bereits unter „Wenn es doch passiert ist – Versuche zur Rettung von Wildfangtieren" angesprochen worden.

Junge Mandarinnatter aus Sichuan wenige Tage nach dem Schlupf - sie bringt ideale Voraussetzungen für eine erfolgreiche Haltung im Terrarium mit. Foto: A. Gumprecht

Krankheiten

DAS Thema „Krankheiten von Reptilien" ist nicht nur für die betroffenen Tiere, sondern auch für deren Halter unangenehm. Man wundert sich immer wieder, an welchen Krankheiten eine Schlange im Laufe ihres Lebens leiden kann. Leider ist es meist so, dass erst im Krankheitsfall dieses Thema tatsächlich auch zum Thema wird. Und dann ist der sprichwörtliche gute Rat nicht nur teuer, sondern unter Umständen auch schwierig zu finden. Es erübrigt sich hier, Seiten füllende Tipps zur Medikation irgendwelcher Krankheiten zu geben. Schnelle und professionelle Hilfe sollte man nämlich in erster Linie bei den dafür zuständigen Spezialisten der Veterinärmedizin suchen. Ich weiß, dass viele Terrarianer der Ansicht sind, dass man sich das Aufsuchen einer Tierarztpraxis sparen könne, da die Konsultation eines Veterinärs im Falle von Reptilienkrankheiten den Tierarzt lediglich überfordere und dem Tier nicht helfe. Ich kann und will diese Ansicht aber nicht teilen, da sie eindeutig falsch ist. Ich habe zwar auch im Laufe der Jahre den einen oder anderen überforderten Veterinär kennen gelernt, wesentlich häufiger musste ich aber erleben, dass Tiere wegen einer Lappalie vor die Hunde gingen, da ihre Besitzer selbst in den Medizinschrank griffen.

Wer seine Nachzucht-Tiere optimal pflegt, wird meist gar nicht erst mit Krankheiten konfrontiert. Foto: K.- D.Schulz

Krankheiten

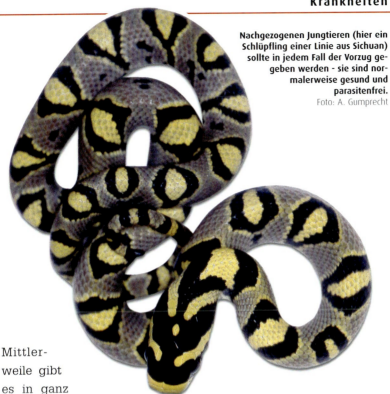

Nachgezogenen Jungtieren (hier ein Schlüpfling einer Linie aus Sichuan) sollte in jedem Fall der Vorzug gegeben werden - sie sind normalerweise gesund und parasitenfrei.
Foto: A. Gumprecht

Mittlerweile gibt es in ganz Deutschland zahlreiche Veterinäre, die sich auf Reptilienkrankheiten spezialisiert haben. Einen nach Postleitzahlen sortierten Überblick über den nächsten Tierarzt mit Spezialisierung auf Reptilienkrankheiten finden Sie auf der Homepage der DGHT unter: www.dght.de.

Das Terrarium

MAN kann nicht genug unterstreichen, dass der Standortwahl für ein Terrarium eine nicht zu unterschätzende Bedeutung zukommt. Ein separater Terrarienraum ist wohl sicherlich als das mögliche Optimum zu werten. Hier sind nämlich die Terrarientiere den wenigsten Störungen ausgesetzt, und das Temperaturmanagement lässt sich bequem über die Zimmertemperatur steuern. Ist ein separater Raum für eine Terrarienanlage nicht vorhanden, muss das Terrarium in den Wohnbereich integriert werden. Generell ist festzustellen, dass Terrarien so aufgestellt werden sollten, dass die Terrarientiere so wenig wie möglich gestört werden. Durchgangszimmer oder besonders stark durch das allgemeine Familienleben beschlagnahmte Räume eignen sich nicht für die Aufstellung eines Terrariums, in dem *E. mandarinus* gehalten werden soll. Viele Schlangenarten reagieren auf Störungen sehr sensibel und können in einen Dauerstress geraten, der sich negativ auf die gesundheitliche Verfassung auswirkt oder das Ausbleiben von Nachzuchten zur Folge hat. Man halte sich immer vor Augen, dass oftmals das Erfolgsgeheimnis für spektakuläre Nachzuchterfolge vor allem darin begründet liegt, dass die Züchter ihren Tieren einfach deutlich mehr Ruhe gönnen. Dies gilt besonders für alle Arten von Manipulation oder Handhabung der Schlangen. Für *E. mandarinus* ist besonders hervorzuheben, was für alle Schlangen ein Allgemeinplatz sein sollte, nämlich dass sie keine Streicheltiere sind und Berührungen eher als Belästigung empfinden!

Wie bereits festgestellt, sollte ein Terrarium für zwei Mandarinnattern gemäß den Mindestanforderungen eine Größe des 1,0- x 0,5- x 1,0-fachen (L x T x H) der Körperlänge der Schlangen haben. Diese Maßangaben beziehen sich auf zwei adulte Exemplare. Es hat sich allerdings in der Praxis gezeigt, dass ein Terrarium für adulte Mandarinnattern in der Tiefe deutlich großzügiger sein sollte.

> **WICHTIG!**
> Auch *E. mandarinus* reagiert ebenso wie andere asiatische Kletternattern äußerst sensibel auf Störungen. Die Mandarinnatter taugt nicht als Besatz für Schauterrarien, und weder die Terrarien von Jungschlangen noch die adulter Tiere sollten in stark frequentierten Durchgangszimmern platziert sein.

Das Terrarium

Ich empfehle deshalb, für zwei Mandarinnattern ein Terrarium mit der Größe des 1,0- x 1,0- x 0,5-fachen (L x T x H) der Körperlänge zu wählen.

Mandarinnattern lassen sich ohne Probleme mit mehreren Artgenossen vergesellschaften. Auch mehrere Männchen sind selbst in Anwesenheit von Weibchen untereinander verträglich. Ich halte meine *E. mandarinus* deshalb in einer Zuchtgruppe, die aus drei Männchen und zwei Weibchen besteht. In der Vergangenheit hat es sich immer wieder gezeigt, dass Paare, die nicht zur Nachzucht zu bewegen waren, sich bei Anwesenheit eines zusätzlichen Männchens oder Weibchens plötzlich regelmäßig erfolgreich fortpflanzten. Lediglich die Fütterungen der äußerst futterneidischen Mandarinnattern müssen bei der Gemeinschaftshaltung mehrerer Exemplare sorgfältig überwacht werden, damit es zu keinen Verletzungen kommt, wenn sich beispielsweise zwei Schlangen auf dasselbe Futtertier stürzen.

Als Terrarium für Mandarinnattern eignen sich insbesondere Vollglasbecken oder Kunststoffcontainer mit Glasfront. Allerdings können auch Holzkonstruktionen Verwendung finden. Besonders bieten sich für den Bau von Terrarien mit hoher Feuchtigkeit so genannte Multiplex- oder Siebdruckplatten an. Da der Bodengrund in einem Terrarium von *E. mandarinus* zu einem Teil permanent feucht gehalten werden sollte, ist es unerlässlich, das Becken insbesondere in den Ecken penibel gegen Feuchtigkeit mit Aquarien-Silikon zu versiegeln. Ist dies nicht gewährleistet, sollte aufgrund des Feuchtigkeitsniveaus im Behälter von unsachgemäß gearbeiteten Holzkonstruktionen Abstand genommen werden, da sonst die Gefahr besteht, dass die Terrarien kurz- bis mittelfristig verrotten. Überdies gebe ich hier

> **WICHTIG!**
> Ein nicht zu unterschätzender Stressfaktor für Mandarinnattern sind zu hohe Haltungstemperaturen. Das Temperaturmanagement kleiner Terrarienräume, Terrarienzimmer in Dachgeschossen oder Räumen mit Südlage sollte idealerweise über eine Klimaanlage regelbar sein. Ist dies nicht der Fall, wirkt es sich positiv für *E. mandarinus* aus, wenn das Terrarium in Bodennähe aufgestellt wird.

> **TERRARIEN-GRÖSSE**
> Wenn man sich vor Augen führt, dass Mandarinnattern der Sichuan-Form Gesamtlängen von durchschnittlich bis zu 150 cm erreichen, bedeutet dies für ein Zuchtpärchen (im „Fachjargon" als 1,1 abgekürzt; Zahl der Männchen vor, Zahl der Weibchen nach dem Komma) ein Terrarium mit den Maßen 1,5 x 1,5 x 0,75 m (Länge x Tiefe x Höhe).

Das Terrarium

DER PRAXISTIPP
Von den möglichen Alternativen für ein Terrarium für Mandarinnattern empfehle ich aus eigener Erfahrung Vollglasterrarien oder Kunststoffcontainer mit Glasfront.

auch zu bedenken, dass hochwertige langlebige Holzplatten, wie die oben erwähnten Multiplex- oder Siebdruckplatten, kaum billiger als Glas sind.

Als Bodengrund sollten nur solche Substrate verwendet werden, die in der Lage sind, Feuchtigkeit zu speichern. Abstand zu nehmen ist von allen Bodengrundsorten, die scharfkantig oder rau sind, da Mandarinnattern den Bodengrund permanent durchwühlen und somit die Gefahr bestehen könnte, dass sie sich insbesondere im Schnauzenbereich verletzen. Empfehlenswerte Substrate sind Torf, Walderde oder Kokoshumus (aus dem Fachhandel). Auf die Verwendung von Torf und Walderde sollte aber letztlich aus Gründen des Landschafts- und Naturschutzes verzichtet werden. Den Bodengrund bringt man bis zu einer Höhe von ca. 10 cm ein. Das Terrarium sollte nach Möglichkeit nur von der Front her einzusehen sein. So bleibt den Nattern viel vermeidbarer Stress erspart. Die Verkleidung von Rück- und Seitenwänden ist nämlich weniger aus optischen Gründen als vielmehr als Sichtschutz geboten.

Die Gestaltung der Rück- und Seitenwände an sich ist eher eine Sache des persönlichen Geschmacks. Es gibt mittlerweile im Handel sehr schöne naturähnliche „Fertiglösungen" in vielen Designs. Sehr edel wirken Nachbildungen von Felswänden oder Bambusreihen. Selbstverständlich besteht auch die Möglichkeit, Rück- und Seitenwände selbst zu gestalten (siehe hierzu das Buch „Terrarieneinrichtung" von WILMS [2004]). Es muss aber garantiert sein, dass die verwendeten Materialien und

Im Detail: Luftholzwurzeln für die Terrariendekoration. Im Vordergrund ein großer hohler Kunststein aus Glasfasermaterial, im Hintergrund künstliche Felsrückwand von Namiba Terra. Foto: A. Gumprecht

Das Terrarium

ihre Gestaltung im Terrarienalltag bestehen und sich insbesondere leicht reinigen und desinfizieren lassen.

Die **Einrichtung** eines Terrariums für Mandarinnattern sollte möglichst zweckmäßig gestaltet sein. Sie besteht aus einigen diagonal ins Terrarium gestellten und sicher verankerten Klettermöglichkeiten. Dazu eignen sich die im Handel erhältlichen Lianen bzw. Luftholzwurzeln, Rebstöcke oder Bambusleitern. Eine Alternative stellt unser heimischer Holunder dar. Seine Äste sehen sehr dekorativ und rustikal aus; sie haben überdies den Vorteil, dass sie leicht und trotzdem äußerst strapazierfähig sind.

Ausreichende Versteckmöglichkeiten erweisen sich nicht nur als sehr vorteilhaft, im Fall von Mandarinnattern sind sie sogar unerlässlich. Die Art führt nämlich eine sehr verborgene Lebensweise, und manche Exemplare halten sich die meiste Zeit in ihrem Unterschlupf oder im Bodengrund verborgen. Andere Individuen verlassen nur zur Fütterung die unmittelbare Nähe ihres Versteckes. Hin und wieder kommt es sogar vor, dass sich Exemplare zu Beginn einer Fütterung mit ca. zwei Dritteln des Körpers aus dem Bodengrund herauswagen und dann ein Beutestück packen. Zum Fressen ziehen sie sich allerdings wieder mit dem Beutetier in die Erdröhre zurück. Hervorragend als Versteckmöglichkeit eignen sich Zierkorkröhren oder Rindenstücke. Diese können sowohl auf den Boden gelegt als auch in die Rückwandgestaltung integriert werden. Große unglasierte Tontöpfe aus dem Blumenhandel werden ebenfalls gerne als Versteck angenommen. Tontöpfe wirken sich positiv auf das Luftfeuchtigkeitsmanagement im Terrarium aus. Sie haben die Eigenschaft, versprühtes Wasser zu

Mit Bambus und diversen Wurzeln oder Ästen lassen sich Terrarien für asiatische Kletternattern attraktiv dekorieren.
Foto: K. Kunz

Temperatur, Feuchtigkeit, Technik

DER PRAXISTIPP
Statten Sie Ihr Mandarinnatterterrarium am besten mit ein paar Kunststoffpflanzen aus. Diese gibt es mittlerweile in hervorragender Qualität, echten Pflanzen nahezu perfekt nachempfunden. Gute Kunststoffpflanzen mögen in der Anschaffung zunächst teurer als natürliche Pflanzen sein, sie sind aber problemlos zu desinfizieren und selbstverständlich dauerhafter.

speichern und anschließend wieder langsam an die Umgebung abzugeben.

Dem Thema **Bepflanzung** von Terrarien wurden schon ganze Bücher gewidmet. Es ist sicherlich unstrittig, dass ein mit natürlichen Pflanzen eingerichtetes Terrarium eine Augenweide darstellt. An dieser Stelle wäre aber zu thematisieren, ob eine natürliche Bepflanzung tatsächlich zweckmäßig oder notwendig ist.

Ab einer gewissen Größe der Terrarienpfleglinge stellt sich diese Frage eigentlich nicht mehr: Denn wenn jede Pflanze des Terrariums durch die bloße Körpermasse der Schlangen, durch das Temperament oder gewisse artspezifische Eigenheiten, wie z. B. durch Klettern oder Wühlen, nachhaltig geschädigt wird, dann sollte man auf ihre Verwendung verzichten. Ich konnte bei einem Freund beobachten, wie zwei adulte Mandarinnattern ein neu eingerichtetes und mit natürlichen Pflanzen aufwändig bestücktes Terrarium bezogen und innerhalb einer Viertelstunde nahezu völlig verwüsteten. Der Bodengrund wurde von den kräftigen Schlangen regelrecht „auf links" gedreht und jeder Blumentopf ausgehebelt. Selbst als ein

Temperatur, Feuchtigkeit, Technik

DIE Ansprüche der einzelnen Formen der Mandarinnatter an die Haltung gleichen sich allesamt. Dies gilt insbesondere für die Haltungstemperatur. Diese sollte idealerweise tagsüber bei 20–25 °C liegen. Es ist übrigens ein Gerücht, dass sich Mandarinnattern nur in Kellerräumen halten lassen sollen, da sie angeblich keine höheren Temperaturen vertrügen. Tatsächlich werden durchaus auch Spitzen bis über 30 °C toleriert. Allerdings sollten solche Temperaturen als Extremwerte verstanden, nur kurzfristig und niemals über viele Tage erreicht werden, denn sie führen zu erhöhter Nervosität und schließlich zu Futterverweigerung. Wichtig ist ebenfalls eine deutliche nächtliche Abkühlung. Werte bis 17 °C sind dabei völlig unbedenklich und tragen zum Wohlbefinden der Tiere bei.

Temperatur, Feuchtigkeit, Technik

paar Tage später die Wurzelballen in Pflanzsäcke eingebracht wurden, kam es nur deshalb zu einer kurzfristigen Beruhigung im Terrarium, weil diese Säckchen mit Heißkleber am Terrarienboden fixiert worden waren. Alle Terrarientypen sollten für den Tierpfleger zweckmäßigerweise auch übersichtlich gestaltet sein. Bei einem Terrarium mit dichtem natürlichem Bewuchs ist diese Voraussetzung nicht immer gegeben. Schlangen und Exkremente sind nicht mehr ohne Schwierigkeiten auffindbar. Kot sollte aber natürlich möglichst schnell entfernt werden, da er sonst im Zusammenspiel mit hoher Luftfeuchtigkeit und hohen Temperaturen einen idealen Nährboden für die Ausbreitung von Krankheitserregern darstellt. Neben dem Pflegeaufwand für die Tiere darf auch derjenige für Terrarienpflanzen nicht unterschätzt werden. Auf die Frage nach der Notwendigkeit einer natürlichen Bepflanzung ist mit einem eindeutigen „Nein" zu antworten. Nicht die natürliche Pflanze an sich stellt eine Notwendigkeit dar, sondern eher die Deckungsmöglichkeiten für die Schlangen. Ob diese aber durch natürliche Bepflanzung oder Kunstpflanzen geboten wird, ist den Terrarientieren gleichgültig. Letztendlich hat auch die Luftfeuchtigkeit im Terrarium nicht unbedingt nur mit der natürlichen Bepflanzung, sondern vielmehr mit den Sprühintervallen zu tun.

Auf elektrisches Zubehör wie Heizkabel oder Heizmatten kann im Falle von *E. mandarinus* verzichtet werden. Auf keinen Fall gehört so etwas in das Innere eines Terrariums. In der Vergangenheit haben defekte Heizkabel schon wiederholt zu verheerenden Terrarienbränden geführt. Eine Ausnahme stellt die Beleuchtung dar. So genannte gekapselte Lampengehäuse für Feuchträume können auch im Inneren von Terrarien verwendet werden, sofern sie außerhalb der Reichweite der Schlangen angebracht sind.

Zweimal wöchentlich sollte im Terrarium von *E. mandarinus* ausgiebig gesprüht werden. Die relative Leuchtfeuchtigkeit sollte zwischen 65 und 75 % betragen.

Auch Mandarinnattern benötigen eine Wasserschale in ihrem Terrarium. Ein Teil des Trinkwasserbedarfes wird zwar durch das regelmäßi-

Terrarienhaltung und Nachzucht

> **DER PRAXISTIPP**
>
> Zum Sprühen sollte man weder lauwarmes Wasser verwenden, noch die Tiere direkt ansprühen! Es zeigt sich im Selbstversuch, dass lauwarm versprühtes Wasser bei Hautkontakt empfindlich kühl empfunden wird und für Temperaturen um 15 °C sorgt. Heißes Wasser aus der Wasserleitung hat eine Temperatur von ca. 70 °C und behält beim Sprühen bis zum Hautkontakt angenehme 28-30 °C. Damit hat es etwa die gleiche Temperatur wie das Terrarium und seine Bewohner. Direktes Ansprühen der Tiere ist zu vermeiden, da dies schnell zu Verdunstungskälte am Körper führt, die bei Tieren aus tropischen Breiten zu Erkältungen oder Lungenentzündungen führen kann. Mandarinnattern sollten möglichst indirekt mit Wasser besprüht werden, indem man z. B. den Sprühstrahl unter die Terrariendecke richtet und das Wasser von dort auf die Tiere tropfen lässt. Wassertropfen auf dem Körper werden meist sofort von den Schlangen abgetrunken. Mandarinnattern decken ihren Wasserbedarf überwiegend aus der Trinkwasserschale. Insofern ist es nicht so bedeutsam, dass sie Sprühwasser trinken, das Sprühen an sich muss aber vorgenommen werden, um eine entsprechende Bodenfeuchtigkeit zu gewährleisten.

ge Sprühen gedeckt, aber die Tiere trinken zusätzlich aus der Wasserschale. Ich konnte bislang noch nicht feststellen, dass Mandarinnattern ihre Wasserschale zum Baden aufsuchen würden.

Terrarienhaltung und Nachzucht

DER Ursprung meiner aus Sichuan stammenden Mandarinnattern geht auf ein einzelnes trächtig gefangenes Wildfangweibchen aus einem Import zurück. Ich halte meine Tiere, wie erwähnt, in einer Zuchtgruppe, die aus drei Männchen und zwei Weibchen (3,2) besteht. Obwohl es sich bei *E. mandarinus* dem Namen nach um eine Kletternatter handelt, wird man sie im Terrarium tatsächlich nur selten kletternd antreffen. Deswegen braucht ein Terrarium für ein Paar (1,1) in der Höhe auch sicher nicht das in den Mindestanforderungen vorgeschlagene 1,0-fache der Körperlänge zu betragen. Das 0,5-fache der Körperlänge sollte ausreichend sein. Ich konnte in der Vergangenheit lediglich im Frühjahr an kühlen Tagen beobachten, dass die Tiere aktiv kletterten, um sich in der Nähe der Terrarienbeleuchtung zu wärmen.

Es ist von größter Wichtigkeit, *E. mandarinus* eine Winterruhe von 8–12 Wochen zu ermöglichen. Wird dies unterlassen, bleiben Nachzuchten mit aller Wahrscheinlichkeit im darauf folgen-

Terrarienhaltung und Nachzucht

Zu guter Letzt sei hier noch die **Terrarienbeleuchtung** angesprochen. Ich verwende für Terrarien von 1,5 m Länge zwei 18-W-Leuchtstoffröhren in gekapselten Gehäusen für Feuchträume. Alternativ können selbstverständlich auch Gehäuse mit 36-W-Leuchtstoffröhren verwendet werden. Die Beleuchtung ist etwa 10–12 Stunden täglich in Betrieb. Nach allgemeiner Ansicht ist für die Haltung und Vermehrung von Kletternattern, ganz im Gegensatz zur Pflege vieler Echsen oder Schildkröten, eine Versorgung der Tiere mit künstlichem ultravioletten (UV-) Licht nicht erforderlich. Es reicht also aus, Schlangenterrarien mit normalen, handelsüblichen Weißlicht- oder Warmton-Leuchtstoffröhren zu beleuchten.

> **DER PRAXISTIPP**
> In meinen Terrarien setze ich überwiegend Leuchtmittel der Marke „Osram" vom Typ „Fluora" ein. Fluora-Leuchtmittel geben ein bläuliches Licht ab, das sehr angenehm für das Auge ist und für Bewohner schattiger Regenwälder eher angebracht erscheint als die grelleren Standardtypen wie Weißlicht-, Warmton- oder die speziellen Tageslicht-Leuchtstoffröhren. Auch bei der Haltung von *E. mandarinus* hat sich eine solchermaßen gedämpfte Beleuchtung gut bewährt.

den Jahr aus. Meine Mandarinnattern werden zusammen mit anderen Arten aus ähnlichen Klimazonen in einem Raum gehalten. Von November bis Januar wird das Licht in allen Terrarien ausgeschaltet. Unter Terrarienbedingungen sollte die Überwinterung „Schritt für Schritt" eingeleitet werden. Dazu werden 2–3 Wochen vor der eigentlichen Überwinterung sowohl die Beleuchtungsintervalle verkürzt als auch die Haltungstemperaturen herabgesetzt (die Auswinterung verläuft analog, indem 2–3 Wochen nach Ende der eigentlichen Überwinterung sowohl die Beleuchtungsintervalle verlängert als auch die Haltungstemperaturen schrittweise auf die üblichen Werte heraufgesetzt werden). Ich überwintere die Tiere nicht in Überwinterungskisten, sondern belasse sie abgedunkelt in ihren Terrarien. Bei gekipptem Fenster beträgt die Temperatur während der Überwinterung im Durchschnitt ca. 10 °C. Temperaturminima betragen kurzzeitig 5 °C, Maxima 18 °C. Während der Überwinterung sprühe ich einmal wöchentlich im Terrarium und biete weiterhin regelmäßig frisches Trinkwasser an.

Euprepiophis mandarinus führt unter Terrarienbedingungen eine ruhige und versteckte Lebensweise, wie schon erwähnt. Mandarinnattern zählen nicht zu den aggressiven Arten. Die Hauptaktivitätszeit der Schlangen liegt in den Morgen- und Abendstunden. Eine Ausnahme in der eher ruhigen Lebensweise bildet die Paarungszeit im Frühjahr, der heftige Kommentkämpfe unter den männlichen Tieren vorausgehen. Nach der idealerweise ca. drei Monate dauernden Winterruhe konnte ich im Laufe der Jahre Kommentkämpfe Ende Februar, aber auch im März und Anfang April beobachten. Um innerartlichem Stress vorzubeugen, sollten männliche Tiere etwa die gleiche Körpergröße haben, damit ein dominantes Exemplar einen kleineren Artgenossen nicht durch permanente Kommentkämpfe und wilde Verfolgungsjagden zu sehr beeinträchtigt. Nach den mehrere Tage dauernden Kommentkämpfen finden die eigentlichen Paarungen statt, die nicht minder heftig als die Kommentkämpfe verlaufen. Die Weibchen werden teilweise stundenlang verfolgt. Interessant ist, dass weibliche Tiere, die sich durch Flucht in den Bodengrund den Nachstellungen zu entziehen versuchen, auch dorthinein von den Männchen verfolgt werden. Die eigentliche Paarung der Mandarinnattern wirkt sehr unsanft, und nach den heftigen Nackenbissen der Männchen kann auch schon einmal etwas Blut fließen. Ich habe die Erfahrung gemacht, dass männliche Tiere während der Komment- und Paarungszeit schlecht oder gar nicht mehr, Weibchen hingegen gewohnt gierig ans Futter gehen. Während ich bei vielen tropischen Kletternattern beobachtete, dass

Zubehör der nützlichen Art: Akkubetriebenes Kompressor-Wassersprühgerät (Black & Decker) mit 10 l Fassungsvermögen
Foto: A. Gumprecht

Terrarienhaltung und Nachzucht

Paarung vietnamesischer
Mandarinnattern
Foto: S. Moeller

Terrarienhaltung und Nachzucht

> **DER PRAXISTIPP**
> Zur Vermeidung von Beißereien während der Fütterung hat sich die Verwendung so genannter Futterkisten bewährt. Ich belasse meistens zwei Tiere im Terrarium und füttere sie dort, die anderen kommen jeweils einzeln in Styroporboxen, wo sie ihre Beute erhalten. Nach der Fütterung werden die Tiere wieder zusammengesetzt.

> **DER PRAXISTIPP**
> Viele Schlangenpfleger fragen regelmäßig nach dem Sinn oder Unsinn der zusätzlichen Gabe von Mineralstoffen oder Vitaminen. Dies ist tatsächlich ein sehr sensibles Thema, zu dem ich hier den folgenden Tipp gebe: Bei allen Arten, die Futtermäuse fressen, erübrigt sich die Zufütterung von Zusatzstoffen, sofern die Futtermäuse ihrerseits nicht mangelernährt wurden (z. B. durch die alleinige Fütterung mit alten Brötchen/Brot). Mäuse, die mit speziellem Hochleistungs- oder Erhaltungszuchtfutter aufgezogen wurden, sind an sich bereits vitaminisiert, da alle großen Spezialfuttermittelanbieter (z. B. „Sniff", „Altromin" oder „Höveler") ihre Futterpellets zusätzlich mit Vitaminen anreichern. Eine weitere, darüber hinausgehende Beschickung der Futtertiere mit Vitaminen ist nicht nur überflüssig, sondern aus veterinärmedizinischer Sicht sogar für die Gesundheit der jeweiligen Terrarientiere auf Dauer bedenklich (Gefahr der Hypervitaminose).

Balzverhalten insbesondere durch das Sprühen im Terrarium ausgelöst wurde, war es bei *E. mandarinus* häufig der Fall, dass Paarungen nach den Fütterungen weiblicher Tiere stattfanden.

Schon bald nach der Paarungszeit zeigen die männlichen Tiere wieder ihren gewohnten Appetit. Mandarinnattern erweisen sich das Jahr über stets gefräßig und sollten einmal wöchentlich gefüttert werden. Die Futtertiere dürfen nicht zu groß sein, da viele Nattern eine Präferenz für vergleichsweise kleine Futterstücke zeigen, wie halbwüchsige Mäuse oder nackte Ratten. Vor adulten (geschlechtsreifen) Mäusen scheuen viele Mandarinnattern zurück. Fütterungen sollten stets beaufsichtigt werden, da die Tiere sehr futterneidisch sind und sich sonst gegenseitig behelligen.

Die Nachzucht der Mandarinnatter im Terrarium gestaltet sich entgegen der allgemeinen Ansicht als nicht schwierig. Verschiedene Autoren berichteten bereits in der Vergangenheit über eine erfolgreiche Haltung und Nachzucht. Ein Mal pro Jahr (im Juni oder Juli) werden 5–10 durchschnittlich 4 cm lange Eier abgesetzt. In bisher einem Fall brachte eines meiner Weibchen sogar ein zweites Gelege im Herbst hervor. Interessanterweise wurde dies von mir genauso wenig bemerkt wie die vorangegangene Trächtigkeit. Während einer Routinekontrolle im Terrarium fand ich damals Anfang Februar überraschend zwei gesunde Jungtiere, die bei den Adulti lagen. Nachdem ich die Juve-

Terrarienhaltung und Nachzucht

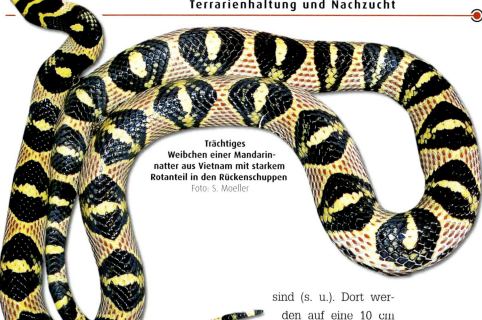

Trächtiges Weibchen einer Mandarinnatter aus Vietnam mit starkem Rotanteil in den Rückenschuppen
Foto: S. Moeller

nilen aus dem Terrarium herausgefangen hatte, suchte ich das Gelege. Ich fand es schließlich in einer Sprossenleiter aus Bambus. Diese stand in dem Bereich des Terrariums, der von mir regelmäßig besprüht wird. Beide Seitenrohre befanden sich etwa 10 cm im feuchten Boden. Im unteren Ende eines Seitenrohres entdeckte ich zwei leere Eihüllen, ein vertrocknetes Ei und die Reste von wenigstens einem unbefruchteten Ei.

Sobald ich Gelege der Mandarinnatter auffinde, überführe ich sie zur Zeitigung der Eier in Plastikdosen, die mit Luftlöchern versehen sind (s. u.). Dort werden auf eine 10 cm hohe Schicht aus *Sphagnum*-Moos gebettet und mit einer 2 cm hohen Schicht Moos abgedeckt. Das Moos sollte dabei feucht, aber nicht nass sein.

Die Plastikdosen werden danach verschlossen in einen Inkubator überführt. Die Zeitigungsdauer der Eier beträgt bei durchschnittlich 28 °C ungefähr 50 Tage. Die Jungschlangen von *E. mandarinus* sind 25–30 cm lang.

> **DER PRAXISTIPP**
>
> Mindestens genauso wichtig wie die Frage nach der Herkunft der zu pflegenden Terrarientiere ist die nach der Herkunft der verwendeten Futtertiere. Man sollte sich möglichst den „Stall" anschauen, in dem diese gezüchtet werden. Momentan wird der Markt mit Futtertieren osteuropäischer Herkunft überschwemmt, die meist nicht nur mangelernährt sind, sondern oft auch aus Massenzuchten stammen, die bisweilen bedenkliche und durchaus gefährliche Resistenzen gegen Antibiotika aufweisen.

> **DER PRAXISTIPP**
> Weibchen reagieren insbesondere wenige Tage vor der Eiablage äußerst sensibel auf Störungen. Um innerartlichen Stress zu vermeiden, sollten bereits zuvor Artgenossen aus dem Terrarium entfernt werden, da sich sonst sehr leicht eine Legenot einstellen kann. Alternativ kann man natürlich auch die trächtigen Weibchen in so genannte Ablageboxen überführen, die mit feuchtem Moos ausgelegt sind. Allerdings braucht man für das präventive Überführen der trächtigen Weibchen etwas Erfahrung, um durch Inaugenscheinnahme der jeweiligen Tiere den Ablagezeitpunkt einzuschätzen. Die vermutlich letzte Häutung vor der Eiablage ist abzupassen, danach sind die Tiere zu überführen. Wenige Tage nach der Häutung werden schließlich die Eier gelegt. Damit sich das Tier sicher fühlt, sollten die Ablageboxen nicht transparent sein.

Circa zwei Wochen nach dem Schlupf erfolgt die erste Häutung. Für viele Terrarianer ist dieses Ereignis ein nahezu magischer Termin, bedeutet er doch bei den meisten Arten, dass die Jungschlangen ab diesem Zeitpunkt zum ersten Mal angebotenes Futter fressen. Leider ist es vielen Tierhaltern nicht auszureden, dass es für gesunde Nachzuchten von Mandarinnattern keine biologische Notwendigkeit darstellt, derartig frühzeitig Futter anzunehmen. Schlüpflinge der Mandarinnattern aus Sichuan kommen beispielsweise vergleichsweise groß und kräftig auf die Welt. Unter natürlichen Bedingungen ist davon auszugehen, dass Jungtiere aus höheren bis alpinen Habitaten in Jahren mit klimatisch ungünstigen Wetterlagen in die Überwinterung gehen müssen, ohne vorher Nahrung zu sich genommen zu haben. Die erste Beute wird dann im darauf folgenden Jahr gemacht. Ich biete meinen Jungtieren in der Regel erst 8–10 Wochen nach dem Schlupf die erste Nahrung an.

Ich habe bereits angedeutet, dass leider Jahr für Jahr eine nicht zu unterschätzende Anzahl an Nachzuchtschlangen bei ihren Pflegern eingeht. Dies hat zwei Gründe: fehlende Geduld und Ruhe der Tierhalter bezüglich der ersten Nahrungsaufnahme einerseits und fehlende Ruhe für die Jungschlangen. Störungen, wie z. B. zu häufige Routinearbeiten und Kontrollen, bewirken bei den Nachzuchten andauernde Stresszustände und beunruhigen sie. Beharrliche Futterverweigerung ist die Folge. Aus

> **DER PRAXISTIPP**
> Für die Zeitigung von Reptilieneiern lassen sich die verschiedensten Substrate erfolgreich einsetzen. Unter Züchtern herrscht weitestgehend Uneinigkeit über das wohl beste Substrat. Ich selbst verwende überwiegend Torf oder Sphagnum-Moos. Bei beiden Materialien erhalte ich das richtige Feuchtigkeitsverhältnis, indem sie zunächst gewässert und anschließend in den Händen mit aller Kraft regelrecht ausgewrungen werden.

Terrarienhaltung und Nachzucht

DER PRAXISTIPP

Einen Brutkasten oder Inkubator kann man im Fachhandel kaufen, er lässt sich aber auch unkompliziert selbst herstellen. Man benötigt dazu lediglich eine beschichtete Holzkiste oder eine große Styroporbox. In das Behältnis wird eine kleine Heizmatte gelegt, die man von außen über einen Thermostat steuert. In diesen Inkubator werden zum Schluss noch Metallgitterböden eingelegt, auf die man die einzelnen Gelegeboxen stellt. Wichtig ist, dass man keine Gelegebox direkt auf der Heizmatte platziert, da sonst das Gelege Schaden nehmen kann. Jede Gelegebox sollte darüber hinaus 1-2 Bohrungen von je 5 mm Durchmesser für den Luftaustausch aufweisen, und zumindest eine Box sollte ein zusätzliches Thermometer für die Kontrolle der Temperatur innerhalb der Boxen enthalten. Die Kontrolle der Substratfeuchte sollte bei jeder Box alle fünf Tage manuell durchgeführt werden. Das gesamte Substrat sollte wahrnehmbar feucht, aber weder trocken, noch triefnass sein. Ist es zu trocken, sterben die Embryonen auf Dauer ab, bei nassen Substraten besteht die Gefahr, dass die Embryos regelrecht in ihren Eiern ertrinken. Im Bedarfsfall feuchtet man darum mit lauwarmem Wasser leicht nach.

Weibchen aus Ost-China nach der Eiablage. Das Gelege besteht aus fünf Eiern und wurde von dem linken Weibchen abgesetzt. Foto: S. Moeller

Terrarienhaltung und Nachzucht

Missgebildetes männliches Jungtier, das nur wenige Stunden lebte (die Wirbelsäule verläuft zum Teil außerhalb des Körpers). Foto: S. Moeller

Inkubator (Mitte) und hygienische Plastikcontainer für die Aufzucht von Jungschlangen. Schaumstoffschnipsel in den drei oberen und *Sphagnum*-Moos in den beiden unteren Inkubationsbehältern dienen als Brutsubstrat. Foto: A. Gumprecht

Angst, empfindliche Verluste hinnehmen zu müssen, greifen dann viele Terrarianer zur Futterpinzette und malträtieren die empfindlichen Kleinen durch übereiltes Stopfen. Kommt es dann noch während der Verdauungsphase zu weiteren Störungen, wird die Nahrung unweigerlich erbrochen. Erbrochene Nahrung in den Aufzuchtbehältern treibt wiederum den Schlangenhaltern Angstschweiß auf die Stirn, und ein fataler Ablauf beginnt. Einer Jungschlange, die Nahrung erbrochen hat, sollte man ca. drei Wochen zur Erholung und zum Wiederaufbau der Darmflora geben, bevor wieder Futter angeboten wird. Da aber die Tierhalter in Panik verfallen, wird schnellstmöglich wieder gestopft. Auf das Stopfen wiederum antwortet die gestresste und gepeinigte Kreatur mit einem erneuten Auswürgen der Nahrung. Manchmal erbrechen die Jungschlangen lediglich zwei Mal, manchmal aber auch bis zu vier Mal, bis sie diese Tortur quittieren, indem sie sich ihr durch Tod entziehen! Ohne die nötige Erfahrung und ein gewisses Maß Fingerspitzengefühl seitens des Terrarianers werden Mandarinnat-

Schlupf von Sichuan-Mandarinnattern 42 Tage nach der Eiablage Foto: S. Moeller

Junge Mandarinnatter aus Sichuan wenige Tage nach dem Schlupf Foto: A. Gumprecht

Terrarienhaltung und Nachzucht

Jungtier einer Linie aus Sichuan Foto: A. Gumprecht

tern die Aufzuchtphase nicht überleben, wie eingangs schon erwähnt. Als Regel kann für die Aufzucht gelten: Einmal gestopft, ergibt sich die Notwendigkeit, über längere Zeiträume weiter zu stopfen. Jungschlangen dagegen, die man eine gewisse Zeit von ihrem „Babyspeck" zehren lässt, gehen schließlich nach einigen Wochen von selbst ans Futter. Tieren, die dennoch weiterhin beharrlich die Annahme von Nahrung verweigern, kann man als alternatives Futter auch Babys von Vielzitzenmäusen anbieten. Vor einer Zwangsfütterung bliebe als letztes probates Mittel, den renitenten Verweigerer über Nacht in einem kleinen Blumentopf zusammen mit einem vorher abgetöteten Mäusebaby einzusperren. Der toten Maus ist nach dem Abtöten mit einem Skalpell der Kopf einzuschneiden und anschließend etwas Hirn herauszudrücken. In den meisten Fällen zeigen derartige „Massaker" ungeahnte Wirkung, scheint doch der Geruch der angeschnittenen Maus auf den Appetit der Jungschlangen so stimulierend zu wirken, dass sie zu fressen beginnen.
Euprepiophis mandarinus ist unbedingt in strikter Einzelhaltung aufzuziehen. Dies kann z. B. einfach in Plastikboxen von 60 x 40 x 15 cm (L x B x H) geschehen, die jeweils mit

Terrarienhaltung und Nachzucht

einer Trinkschale und einer Papp-röhre als Versteck ausgestattet sind. Als Bodensubstrat haben sich Haushaltstücher bewährt. Die Haltungsbedingungen in Bezug auf die Temperatur- und Beleuchtungsverhältnisse entsprechen denen der adulten Mandarinnattern. Futter kann man einmal wöchentlich in Form möglichst kleiner nackter Mäuse anbieten. Nach ca. zwei Jahren können gut fressende Tiere bereits geschlechtsreif sein. Weibchen sollten allerdings nicht vor dem dritten Lebensjahr verpaart werden, da sie sonst in ihrer weiteren Entwicklung beeinträchtigt werden. Die Tiere müssen während der Aufzucht möglichst störungsfrei gehalten werden, da sie sehr stressempfindlich sind. Man kann es nicht genug betonen: Der Schlüssel zur erfolgreichen Aufzucht von *E. mandarinus* ist ein möglichst ruhiges erstes Lebensjahr!

Die meiste Zeit verbergen sich die jungen *E. mandarinus*. Für ihr Wohlbefinden benötigen sie in ih-

Mandarinnatter aus Sichuan bei der Nahrungsaufnahme Foto: A. Gumprecht

rem Behälter ähnlich wie Adulti eine ständig feuchte Stelle. Fehlt diese, gibt es spätestens bei der nächsten Häutung gravierende Schwierigkeiten. Übrigens verzichte ich darauf, Jungschlangen im ersten Lebensjahr zu überwintern. In dem eingangs bereits erwähnten Artikel von FESSER & SOMMERAUER (2000) wurde durch die Autoren eine Differenzierung der auf dem Markt erhältlichen Nachzuchten vorgenommen. So unterscheiden sie zwischen „echten Nachzuchten" und „Pseudonachzuchten" und leiten hieraus Konsequenzen hinsichtlich der weiteren Aufzucht ab. „Echte Nachzuchten" gebe es den Autoren zufolge nur bei „echten Züchtern" – es handelt sich bei solchen Tieren nach FESSER & SOMMERAUER um Nachkommen von in langen Jahren der Terrarienhaltung eingewöhnten Wildfangtieren oder deren Nachkömmlingen. Der „Pseudozüchter" biete hingegen Tiere an, die zumeist aus Gelegen trächtig gefangener Wildfangweibchen stammen. Unbestritten, die gezielte Entnahme trächtiger Weibchen aus der Natur zum Zweck des Verkaufs ist problematisch. Es entsteht aber in dem genannten Artikel der falsche Eindruck, dass sich manche chinesischen Schlangenfänger auf „die

Einjähriges Männchen aus Vietnam
Foto: S. Moeller

Terrarienhaltung und Nachzucht

Pirsch" nach trächtigen Weibchen begeben, damit sich in Europa private Importeure als „Pseudozüchter" profilieren können. Tatsächlich aber wird E. mandarinus das ganze Jahr hindurch von Schlangenfängern „bejagt". Dabei wird selbstverständlich auch keine Rücksicht darauf genommen, ob ein Tier trächtig ist oder nicht. So nimmt es nicht wunder, dass sich demzufolge im Frühsommer unter Tausenden von E. mandarinus auf chinesischen Märkten ein Großteil als trächtig erweist und trächtige Einzeltiere hin und wieder in Importen ihren Weg nach Europa antreten. Jungschlangen, die als so genannte „chinesische Farmnachzuchten" in den Handel gelangen, sind hingegen – wie FESSER & SOMMERAUER feststellen – schon ob ihrer Deklaration dubios. Es gibt in China kein professionelles „Farming" von E. mandarinus. Wohl aber kommen auch bei dortigen Exporteuren Eiablagen trächtiger Weibchen vor, und dass die Inkubation von Reptilieneiern nicht sonderlich schwer ist, weiß man zwischenzeitlich wohl auch in Hongkong, zumal man dort verstanden hat, dass sich selbst mit den Jungschlangen Geld verdienen lässt. Allerdings ist der Kauf von Jungtieren einer so stressempfindlichen Art wie E. *mandarinus* nach den Torturen eines Asienimportes mit Sicherheit genauso wenig sinnvoll und letztlich wohl ebenso zum Scheitern verurteilt wie der Kauf von Wildfän-

Mandarinnattern werden das ganze Jahr über von chinesischen Fängern gesammelt.
Foto: K.-D. Schulz

gen. So dürfte dann auch die Freude über das „Schnäppchen" einer chinesischen „Farmnachzucht" nicht von Dauer sein. Vergessen sollte man aber in diesem Zusammenhang nicht, dass bei vielen heute in unseren Terrarien etablierten Arten die gescholtenen „Pseudonachzuchten" den Grundstock für die weitere Haltung und erfolgreiche Nachzucht stellten. Auch der dauerhafte Bestand und die Nachzucht der schönen großwüchsigen Mandarinennatter aus Sichuan wurden letztlich erst durch den Import einiger trächtiger Wildfangweibchen ermöglicht.

Nach eigenen Erfahrungen (ebenso auch SCHULZ, pers. Mittlg.) waren „Pseudonachzuchten" aus Sichuan genauso gut oder schlecht aufzuziehen wie „echte Nachzuchten". Der Annahme von FESSER & SOMMERAUER, dass „Pseudonachzuchten" renitentere Futterverweigerer seien, können wir uns nicht anschließen.

Nach den Erfahrungen von SCHULZ und meinen eigenen mit Jungtieren, die wir von trächtig erworbenen Weibchen erhalten hatten, ging ein Teil dieser Schlüpflinge nach einigen Tagen ans Futter. Die anderen Jungen verweigerten beharrlich die Nahrung. Futterverweigerer, denen wir weiterhin regelmäßig Nahrung anboten, aber bei denen wir auf eine Zwangsfütterung verzichteten, fraßen spätestens nach zehn Wochen selbstständig und entwickelten sich anschließend prächtig. Tiere jedoch, die regelmäßig zwangsgefüttert wurden, standen in ihrer Entwicklung selbstständig fressenden deutlich nach.

Zum Schluss

Alle Terrarianer, die in der Lage sind, auf die individuellen Bedürfnisse der Mandarinnatter einzugehen, und die akzeptieren, dass diese Art versteckt lebt, erwerben mit *E. mandarinus* eine der schönsten Schlangenarten überhaupt. Wenn man Jungschlangen während der ersten zwei Lebensjahre die nötige Ruhe bietet, die sie zu ihrer Entwicklung benötigen, dann bereitet auch die Aufzucht dieser Art keine besonderen Probleme. Viel Spaß mit Ihren Terrarienpfleglingen!

> **WUSSTEN SIE SCHON?**
> Es sei erwähnt, dass in China die Durchsetzung eines völligen Exportverbots für Tiere der dortigen Herpetofauna immer wahrscheinlicher wird. Legal dürfen bereits in einigen Provinzen (u. a. Yünnan) Reptilien und Amphibien weder gefangen noch gehandelt werden. Demzufolge dürften Massenimporte chinesischer Mandarinnattern – glücklicherweise – bald der Vergangenheit angehören.

Danksagung

AN dieser Stelle möchte ich mich ganz herzlich beim Natur und Tier - Verlag, Münster, für die Unterstützung bei der Vorbereitung und Realisierung dieses Buches aus der Reihe „Art für Art" bedanken. Insbesondere seien hier deshalb wiederum die Herren Matthias Schmidt, Münster, Heiko Werning, Berlin, und Kriton Kunz, Speyer, dankend erwähnt. Bei Heiko Werning, Kriton Kunz und meiner Frau Inken Gumprecht, Köln, möchte ich mich außerdem für das Korrekturlesen des Manuskriptes bedanken.

Ein herzliches Dankeschön geht an Klaus-Dieter Schulz, Alsdorf, für die Zeichnungen und Fotos, und an den Verlag Bushmaster Publications, Berg, Schweiz, für die freundliche Überlassung von Digital-Images. Außerdem möchte ich mich bei Stefan Möller, Leipzig, für Bildmaterial bedanken.

Weitere Informationen

ZUR Vertiefung der in diesem Buch gegebenen Informationen und zum besseren Einblick in terraristische und herpetologische Themenbereiche empfehlen sich die Mitgliedschaft in einem Verein gleich gesinnter Terrarianer sowie ein intensives Literaturstudium. Die folgenden Auflistungen sollen dabei behilflich sein, einen Einstieg in die Thematik zu finden, können aber natürlich nur einen kleinen Ausschnitt aufzeigen.

Vereine und Interessengruppen

Die Deutsche Gesellschaft für Herpetologie und Terrarienkunde (DGHT; www.dght.de; DGHT e.V., Postfach 1421, 53351 Rheinbach, Tel.: 02225-703333, E-Mail: gs@dght.de) ist mit über 8.000 Mitgliedern die weltweit größte Gesellschaft ihrer Art und bringt Wissenschaftler und Hobbyherpetologen zusammen. Mitglieder erhalten vierteljährlich mindestens drei verschiedene herpetologisch/terraristische Zeitschriften.

Innerhalb der DGHT existiert die AG Schlangen, die sich auch mit Kletternattern wie der Mandarinnatter beschäftigt. Sie veranstaltet jährliche Fachtagungen. Kontakt über die DGHT-Geschäftsstelle.

Weitere Infomationen

Zeitschriften

REPTILIA
Terraristik-Fachmagazin
erscheint sechsmal jährlich
Natur und Tier - Verlag GmbH
An der Kleimannbrücke 39/41
48157 Münster
Tel.: 0251-13339-0
www.ms-verlag.de
E-Mail: verlag@ms-verlag.de

DRACO
Terraristik-Themenheft
erscheint viermal jährlich
Natur und Tier - Verlag GmbH
s. o.

Sauria
Terraristik und Herpetologie
erscheint viermal jährlich

Terrariengemeinschaft Berlin e. V.
Barbara Buhle
Planetenstr. 45
12057 Berlin
Tel.: 030-6847140
www.sauria.de
E-Mail: abo@sauria.de

herpetofauna
Zeitschrift für Amphibien- und
Reptilienkunde
erscheint sechsmal jährlich
herpetofauna Verlags-GmbH
Hans-Peter Fuchs
Römerstrasse 21
71384 Weinstadt
Tel. 07151-600677
www.herpetofauna.de
E-Mail: info@herpetofauna.de

Untersuchungsstellen

Kotproben, Sektionen und andere Untersuchungen können von spezialisierten Tierärzten oder von veterinärmedizinischen Untersuchungsstellen, die es in vielen Städten gibt, vorgenommen werden. Eine Liste mit reptilienkundigen Tierärzten kann über die DGHT bezogen werden (oder im Internet unter www.dght. de). Überregional bekannt für Untersuchungen sind folgende Einrichtungen:

- Exomed
Am Tierpark 64
10319 Berlin

- Universität München
Institut für Zoologie
Fischereibiologie und Fischkrankheiten der tierärztlichen Fakultät
Kaulbachstr. 37
80539 München

- Justus-von-Liebig-Universität Gießen
Institut für Geflügelkrankheiten
Frankfurter Str. 87
35392 Gießen

- GEVO Diagnostik
Jakobstr. 65
70794 Filderstadt

Weiterführende und verwendete Literatur

A) Bücher

HENKEL, F.-W. & W. SCHMIDT (2003): Terrarien – Bau und Einrichtung. – Ulmer, Stuttgart, 168 S.

KÖHLER, G. (1996): Krankheiten der Amphibien und Reptilien. – Ulmer, Stuttgart, 168 S.

– (1997): Inkubation von Reptilieneiern. – Herpeton, Offenbach, 206 S.

MÜLLER, M.J. (1996): Handbuch ausgewählter Klimastationen der Erde. – Gerold Richter, Universität Trier, 5. ergänzte und verbesserte Aufl., 400 S.

NIETZKE, G. & P.M. KORNACKER (2002): Die Terrarientiere Band 3: Krokodile und Schlangen. –Ulmer, Stuttgart, 374 S.

RAUH, J. (2000): Grundlagen der Reptilienhaltung. – Münster, (Natur und Tier – Verlag), 216 S.

SCHULZ, K.-D. (1996): Eine Monographie der Schlangengattung *Elaphe* FITZINGER. – Bushmaster Publ., Berg, 460 S.

TRUTNAU, L. (2002): Schlangen im Terrarium. Band 1: Ungiftige Schlangen. – Ulmer, Stuttgart, 311 S.

ULBER, T., W. GROSSMAN, J. BEUTELSCHIESS & C. BEUTELSCHIESS (1989): Terraristisch/Herpetologisches Fachwörterbuch. – Terrariengemeinschaft Berlin e.V., Berlin, 176 S.

WILMS, T. (2004): Terrarieneinrichtung. – Natur und Tier - Verlag, Münster, 128 S.

B) Artikel

COOTE, J. (1993): Captive reproduction of *Elaphe mandarina* (CANTOR 1843). – British Herp. Soc. Bull. (42): 24–28

FESSER, R. & H. SOMMERAUER (2000): *Elaphe mandarina* – ein Problemtier der Terraristik? – REPTILIA 5(2): 51–55

GILLINGHAM, W.B. (1989): The first North American captive breeding of Mandarin Ratsnake (*Elaphe mandarina*). – S. 1–3 in: Abstract of the Proceedings of the 13th International Herpetological Symposium on Captive Propagation and Husbandry, Phoenix, Arizona, June 20–24, 1989. – Proc. 13th Int. Herp. Symp. Capt. Prop. Husb., Phoenix

SCHULZ, K.-D. & J. MÜNZENMAIER (1986): Die hinterasiatischen Kletternattern der Gattung *Elaphe*. Teil 18: *Elaphe mandarina* (CANTOR 1842). – Sauria 12(2): 25–29.

SMITH, T. (1989): *Elaphe mandarina* (CANTOR 1842): Annotations on a problematic species in captivity. – British Herp. Soc. Bull. 29: 42–48

C) Weiterführende Artikel und Bücher

ANNANDALE, N. (1912): Zoological results of the Arbor expedition, 1911–1912. 2. Reptilia. – Rec. Indian. Mus. 8: 37–59.

CANTOR, T. (1842): General features of Chusan, with remarks on the flora and fauna of that island. – Ann. Mag. Nat. Hist. 9: 265–278, 361–370, 481–493.

DAVID, A. (1871): Quelques renseignements sur l´Histoire naturelle de la Chine septentrionale. – Jour. North China Asiat. Soc., 7: 203–234.

HELFENBERGER, N. (2001): Phylogenetic Relationships of Old World Ratsnakes Based on Visceral Organ Topography, Osteology, and Allozyme Variation. – Russian Jour. Herpet. 8 (Supplement): 1–62.

UTIGER, U., N. HELFENBERGER, B. SCHÄTTI, C. SCHMIDT, M. RUF & V. ZISWILER (2002): Molecular Systematics and Phylogeny of Old World and New World Ratsnakes, *Elaphe* Auct., and related Genera (Reptilia, Squamata, Colubridae). – Russian Jour. Herpet. 9(2): 105–124.

HU, S.-Q., E. ZHAO, Y. M. JIANG, L. FEI, C. Y. YE, Q. X. HU, Q. G. HUANG, Y. Z. HUANG & W. S. TIAN (1987): The scientific expedition to the Qinhai-Xizang Plateau. Amphibia-Reptilia of Xizang. – Chengdu Inst. Biol., Acad. Sinica, Chengdu: 1–153.

MELL, R. (1922): Beiträge zur Fauna sinica. 1. Die Vertebraten Südchinas; Feldlisten und Feldnoten der Säuger, Vögel, Reptilien, Batrachier. – Arch. Naturg. Berlin, Abt. A., 88 (10): 1–146.

– (1929): Beiträge zur Fauna sinica. 4. Grundzüge einer Ökologie der chinesischen Reptilien und einer herpetologischen Tiergeographie Chinas. – Walter de Gruyter & Co., Berlin, 282 S.

SCHMIDT, K. P. (1927): Notes on Chinese reptiles. – Bull. Amer. Mus. Nat. Hist. 54: 467–551.

STEJNEGER, L. (1925): Chinese amphibians and reptiles in the United States National Museum. – Proc. U.S. Natl. Mus. 66 (25): 1–115.

WALL, F. (1919): Notes on some recent additions to our society´s snake collection. – Jour. Bombay Nat. Hist. Soc., 26(3): 1–3.

– (1923): A hand-list of snakes of the Indian Empire. Part 2. – Jour. Bombay Nat. Hist. Soc., 29: 598–623.

WERNING, H. (2003): Neue Namen – alte Nattern: Zur aktuellen Taxonomie der Kletternattern (*Elaphe* sensu lato). – REPTILIA 8(5): 6–8.

ZHAO, E. M. (1998): China Red Data Book of Endangered Animals. Amphibia & Reptilia. – Beijing, Hong Kong, New York (Science Press), 231 S.

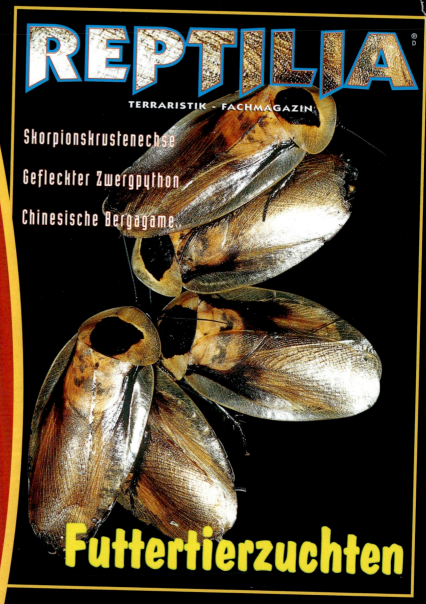